U0782261

不如极简过生活

让生活变得简单而精致。

佐木夕

Approaching   Minimalism

著

民主与建设出版社

© 民主与建设出版社，2018

图书在版编目（CIP）数据

不如极简过生活 / 佐木夕著. –– 北京：民主与建
设出版社, 2018.4

ISBN 978-7-5139-2117-6

Ⅰ.①不… Ⅱ.①佐… Ⅲ.①社会生活 Ⅳ.
①C913

中国版本图书馆CIP数据核字(2018)第074782号

不如极简过生活
BURUJIJIANGUOSHENGHUO

出 版 人	李声笑
著　　者	佐木夕
责任编辑	刘树民
封面设计	仙境书品
出版发行	民主与建设出版社有限责任公司
电　　话	（010）59417747 59419778
社　　址	北京市海淀区西三环中路 10 号望海楼 E 座 7 层
邮　　编	100142
印　　刷	大厂回族自治县德诚印务有限公司
版　　次	2018 年 6 月第 1 版
印　　次	2018 年 6 月第 1 次印刷
开　　本	880 mm × 1230 mm　1/32
印　　张	6.5
字　　数	160 千字
书　　号	ISBN 978-7-5139-2117-6
定　　价	48.00元

注：如有印、装质量问题，请与出版社联系。

///

当我们将注意力转移到更加有意义的事情上，有了新的思想和新的生活方式时，切记要警惕旧思想的反弹，不能半途而废。

　　带着你的极简生活理念，我们一起踏上极简的旅途，听我之故事，谱你之

心曲，若你能趁一壶清酒尚烈时写就，就莫待一杯温酒已凉时动笔！

目 录

Chapter3

极简生活，最简单的才最美好

Chapter4

物质极简，追求更高的生活品质

Chapter5
职场极简，不攀附，不将就

当我们都以情怀开路，用极简方式真切感受周遭时，就能重整心中美好「山河」！

Chapter1

去过极简生活，
给人生做减法

极简主义，改变你一生的生活理念

此刻我正端着一杯醇香咖啡，躺在沙发上享受这下午茶时光，一双星星眼里尽是对未来的憧憬。

可在十年前，甚至两年前，我都还是个每天疲于工作和交际，过着随波逐流、周而复始生活，始终混乱的人。让这一切从根本上发生改变的原因，是我践行了极简主义生活。

而这，也正是我在本书中要急切分享给你们的！

记得十年前，我初登职场，跟同期大部分毕业新生一样为生存苦苦挣扎。没有辉煌的工作履历可写，只能在苍白的简历上精心插入几条美化边框，以为这样就能清新脱俗，吸引面试官目光，可战战兢兢递出去时，却连眼神都不敢与面试官对接……

当我稳坐某大型港资企业的高管职位，被贴上"白领精英"标签时，七八年的光景已然逝去。那些年的工作内容永远是开不完的会、加不完的班、写不完的策划、改不完的文案……虽然拿着不菲的收入，我的内心却愈加慌乱。

那些年，我经常在五花八门的应酬中，压抑着情绪应对错综复杂的人际关系；在昼起夜落的飞机上盘算到失眠；更要忍受陌生角落袭来的重重凉意……做着看似光鲜、内心却并不热爱的事情，谁说不是一种折磨？

我想要来一次亲近自然的郊游，却只能封在蓝色格子间里工作……

我想要有烟火气息的生活，却只觉得寡淡无味的快餐……

我想要一场说走就走的旅行，却只是在公务差旅的途中浪费着沿岸的美景……

负面情绪堆积下，我变得迷茫无助，踟蹰不前，但因久未做出去留决断，工作变得更索然，生活变得更复杂，人际关系变得更微妙，内心无法平静，情绪一团糟。

或许努力打拼出来的一切——口袋里足够消费的存款、花园洋房、进口小车，都是我难以舍弃的因由，就这样又是三年光景，恍惚而去。

在毕业以后的第十个年头，我渐渐明白，原来那些无数个眉头紧锁的日子，仅是对生活现状不满意的情绪反馈，而挥之不去的多数困扰，也都源于有心改变却又未付诸行动的愧疚吧，现代人为这种状态取了一个好听又贴切的名字——拖延症！

或许，人们永远无法避开生存与生活的主题，但有些人为金钱而工作，有些人为热爱而工作。

直到两年前，我在商场看到一幅巨幔海报，虽没能记住宣传主题，却清晰记得下面一行大字："今天你极简了吗？"

"极简？"那一刻我在心里问了问自己，"如果去过简单的生活，是不是会更快乐呢？"也就是从那时开始，我和极简主义结下了不解之缘。

深入接触之后，我才知道，原来这种生活态度，在欧美流行已久。

乔布斯是极简主义的狂热奉行者。在他的家里只有一张爱因斯坦的照片、一盏 Tiffany 桌灯、一把椅子和一张床。在创造苹果手机时他对设计师的要求是："把一切最复杂最强大的功能简单化。"

Facebook 创始人扎克伯格喜欢简单的生活方式，上班常开 1.6 万美元的本田车，外出旅行常去麦当劳吃饭，重要活动和大型演讲常穿普通 T 恤和牛仔裤。

米开朗琪罗的雕塑《大卫》，1664 年展出于意大利震惊了整个欧洲，被誉为文艺复兴时期最牛雕塑。人们追问他创作灵感源自何处。他说在采石场看到一块大理石，凿去多余的留下有用的，便看到《大卫》。三百多年来人们一直铭记他那句名言："美就是净化过剩的过程。"

无论乔布斯、扎克伯格，还是米开朗琪罗，都进入了一种非凡的人生境界：简单是复杂的高级形式，简到极致便是大智大美、极智极美！

那些及早被醍醐灌顶的人，能够在尘嚣世上、熙攘人群中造就一个独属于他们自己的世外桃源，难道我们就不能吗？

于是，我下定决心，做个勇敢的行动派，与原有的一切挥手说再见。

当我毫无保留地抽刀断水以后，发现复杂的环境竟然被自己清晰地勾勒出来！当我迅速果断地抛却凡尘琐事以后，发现追求极简并没有想象的那么难，它越来越被社会认可接受！

脱离凡尘俗世的困扰，就是如此简单！

只要简化心头旁生的枝蔓，厘清脑中疯长的蒿草，用极简指引行动，改变现状，便可阻止更加复杂不安的情愫生成，这是极简主义的思想精髓！也是现代人所推崇的极简生活！当我被这种生活理念所感染时，也找回了最初的快乐！极简是一个心绪、一场情怀、一种态度，爱上极简主义，为自己来一场全新的生活革命吧，只要行动，任何时候都不会为时过晚！

带着你的极简生活理念，我们一起踏上极简的旅途，听我之故事，谱你之心曲，若你能趁一壶清酒尚烈时写就，就莫待一杯温酒已凉时动笔！

当我们都以情怀开路，用极简方式真切感受周遭时，就能重整心中美好"山河"！

用坚定的意志力，专注于心灵的修行

专注力的重要性无须多言，它是成功必不可少的因素。当我们专注于除购物以外的事情，无暇顾及购物时，欲望就会自然而然地消失。

通过转移注意力的方法，来戒除自己某一方面欲望的成功案例不在少数，这也充分证明了它的可行性和实际效果。前几年曾有报道称，外国一些违禁药物依赖成瘾者，通过阅读中国玄幻小说成功戒断瘾症，在国内引起了规模不小的讨论。

不过，讨论的主要方向是玄幻小说的好与坏，我们暂且不论玄幻小说本身有什么利弊，但它可以帮助药物成瘾者控制住对药物依赖的欲望，足见转移注意力这个手段，确实可以起到不错的作用。

至于用什么东西吸引成瘾者，也就是转移注意力的新目标，如果能够学到新知识，开阔新眼界，更加有意义，那就同时收获了另一份惊喜。

说到玄幻小说，我想起武侠小说。

在武侠小说中，我们可能经常看到这样一种颇为神奇的绝世功夫——"乾坤大挪移"，在极简主义的领域里，并没有什么神奇大法、绝世武功，所谓的"乾坤大挪移"就是告诉人们要改变！

所谓改变，就是要改变原有的不健康的生活方式、思维习惯、行事方法等，将好的、健康的、有益的东西移植过来，学习过来。这种改变，与转移注意力也有着异曲同工的妙处。

那么，人们要如何去践行呢？

首先，也是最重要的一点，就是要转移注意力，将目光从坏事件上转移到好事物上，并且一直专注下去！诗云："横看成岭侧成峰，远近高低各不同。"它蕴含了从不同角度看问题，将得到不同结论的道理。

控制不住想要打开购物网站的时候，不妨想一想自己喜欢的书籍，想一想上次看了一半的杂志，说服自己去找到书籍和杂志，继续上次没有完成的阅读。

外出期间习惯性地想去商场挑选衣物的时候，不妨回忆下和朋友月下谈心、炉前对饮的场景，找回那种空灵澄澈的精神境界。

看到别人的新东西之后也想入手的时候，不妨在心里问问自己，他们的追求和我的追求相同吗？我真正的追求到底是什么？

当我们将注意力转移到更加有意义的事情上，有了新的思想和新的生活方式时，切记要警惕旧思想的反弹，不能半途而废。光有对新事物的专注还不行，还得有坚定的意志和持之以恒的决心。

假若今天心血来潮，就将注意力放在新事物上，抛弃掉购物欲，然后明天就忘得一干二净，心思又回到了购物上面，这样是根本无法彻底控制购物欲的。

找到生命的主干

有科学研究表明，人的欲望是一种潜伏式的心理活动，有回环往复产生作用的特点，所以我们一旦成功将注意力转移到新的事物上，就要坚持到底，不给过度购物的欲望心理反扑的机会。

在实际生活中，引起购物欲望的因素有很多，我们要在这种欲望一点点吞噬掉自己的心灵之前，控制住它的蔓延趋势。

当你的欲望诱惑你去过度购买的时候，就问问你的身体；当你的身体也屈服于欲望的时候，就问问你的钱包。

总之，要千方百计地把心思移向关于精神境界的修行中去，让精神世界充满正能量，满怀浩然正气，以此和欲望抗衡。

上述这些注意力的转移对象都是暂时的，从长远的角度考虑，我们需要找到自己生命的主干，并将其突出在生命历程中。有了人生的终极目标和明确梦想之后，过度购买的欲望就都会和茶余饭后的谈资一样，显得无足轻重。

林清玄说："今天比昨天慈悲，今天比昨天智慧，今天比昨天快乐。这就是成功。"人生只有不断前行，才能领略不一样的风景，才能在修行中拥有一颗干净素雅的心。

三毛说："心之何如，有似万丈迷津，遥亘千里，其中并无舟子可以渡人。除了自渡，他人爱莫能助。"

用坚定的意志力，专注于自己心灵的修行，将过度购物这样的杂念排除在外，你会发现，原来生活竟可以如此轻松，原来世界竟可以如此简单，原来依照自己内心的真实想法前行，竟可以如此坦然。

人生这场旅行，每个人都有自己的目的地，他人能做的，最多只是在你行进的路上点一盏灯，至于属于你的目的地在哪里，还需要你自己在不断探索中找到答案。

///

　　带上最初情怀，用热情改造生活，怀揣无限希望，用坚忍熬过那三厘米成

长，我们都将领略到完全不同的风景。

带上最初情怀，用热情改造生活

生活，就像一面镜子，映照出我们的模样，同样也反射着周遭的一切，我们对生活没有希望，生活自然不会对我们有所回馈。

情怀可以勾起我们记忆中最美好的部分，激励我们去创造更美好的东西，也让我们对未来充满更多期待。

少年时，谁不曾鲜衣怒马，谁不曾心比天高。但在经过岁月搏杀后，当青葱少年变成颓靡青年时，最初的心跳记忆，当初的热情激昂，恐怕早已被消极妥协取代。

但有一点，你要相信，没有经过岁月搏杀过的热情和希望，就是天真。而在这滚滚红尘里摸爬滚打数十年后，还能热爱生活，充满活力，才是真正懂得生活的人。

若我们整日被纷繁所扰，忘记最初的情怀是什么模样，艳阳高照时，会不会仍深感空虚寂寞？灯火辉煌下，会不会还是怅然失落？那样的生活，就像一潭死水，无风无浪，无波无澜，了无生趣，了无期待，毫无惊喜可言。

生活之不易对每个人来说都是一样的，只是形式不同罢了，而在逆境中，有些人被平淡无奇的单调日子打败，有些人则始终像向日葵一般，用笑脸迎接新的每一天。两者存在这样的区别，一部分原因在于是否拥有最初的情怀。

极简主义的生活方式，可以帮助我们扫清繁杂的红尘琐事，让我们重拾最初的情怀。因为心有情怀，就有回忆之源，激励之本，希望之根。

有一种竹子，在最开始的几年里，无论怎样施肥，怎样悉心照料，都只能长高三厘米。可是几年后，它就如被施了魔法般，一下子冲高几十甚至上百厘米，一个月就能长成"参天大竹"。然而这样的竹子却并不多见，因为，它们中的大部分，都没能熬过那三厘米的成长。

处于放弃的边缘时，你就想一想这竹子，把自己当作这竹子，在心里一遍遍告诉自己，熬过了这三厘米，前方就是康庄大道。而用极简主义的生活方式，更容易熬过这个阶段，因为它会让我们更加心无杂念，更加从容面对困境。

从今开始，每天将笑容挂在脸上，展示给别人一个好的形象，也让自己保持乐观。乐观从何而来？正是来自厘清思绪，修剪欲望，不攀不比，不颓不靡，不疯不狂，不焦不躁，这与极简精神不谋而合。

丢开消极的人生态度，战胜脑中的依赖思想，拒绝自我安慰，拒绝自甘堕落，热爱我们的热爱，我们会走得更远。

一定要相信：只要不被生活打倒，迟早都会"征服"生活。只要保持极简心态，迟早都会发现生活之美。

再好的想法，不去做都是白费。要脚踏实地，对于自己的每一个想法，对于一些好的生活方式，都敢于尝试，照着自己的想法去实践，再从中总结道理。

来吧，换上笑脸，收拾心情，给自己的内心多一点阳光，让阴霾无处可藏。用十足的青春活力，感染周围之人，去过更有意义的生活。

带上最初情怀，用热情改造生活，怀揣无限希望，用坚忍熬过那三厘米成长，我们都将领略到完全不同的风景。

心安静下来，感受生活的质朴

居里夫人作为获得过诺贝尔奖的伟大女性，她的一生是荣耀的一生——获得各种奖金 10 次，各种奖章 16 枚，各种名誉头衔 107 个，虽然人们对她十分崇敬，但她对于这些代表荣誉的奖章头衔却不以为意，她并不在意这些浮名。

某次，一位朋友去她家拜访，偶然间看见她的女儿正拿着一枚奖章把玩——那是英国皇家学会颁发给居里夫人的金质奖章。朋友十分惊讶，说："英国皇家学会的奖章代表着极高的荣誉，怎么能给孩子玩呢？"

居里夫人淡笑着回答："我是想让孩子从小就知道，荣誉就像玩具，只能玩玩而已，绝不能看得太重，否则就将一事无成。"

正是这种舍弃了名利的态度，让居里夫人不必为荣誉所累，不必被虚名缠身，得以更专注地投身科学事业，获得更大的成就。

舍弃物质，让精神更专注

在这个物质文明高度发达的时代，繁华遍地，奢靡成风，要改掉长期以来的生活习惯，并非一件易事。但面对复杂的生活，面对冗余的杂物，我们又很自然会想要精简物质，过简单的生活。

当你打开衣柜，看到五颜六色的衣服，挑来挑去也不知道要选哪件的时候，你是不是也想过，以后再也不乱买衣服了？然而，当你再次看到喜欢的衣服时，经过一番短暂的心理交锋，欲望战胜了意志，最终还是买了下来。

当你需要某份文件，在杂乱的办公桌上左翻右找，却死活也找不到的时候，你是不是也想过，以后一定要把东西摆放整洁，所有的资料再也不随手乱扔了？然而，你精心整理的办公桌整洁了没几天，就又凌乱起来，你需要的某份文件，又沉睡在杂乱无章的摆设里。

当你小心翼翼地将自己喜欢的花买回家，准备精心呵护，看着它茁壮成长，却因为烦琐的生活而没有时间照顾它，导致它日渐消瘦终至枯萎的时候，你是不是也想过，以后再也不为那些冗杂无趣的事情浪费时间？

你看，克制欲望，追求极简，说简单也简单，说难也难。简单是因为只要有了基本概念，人人都可以开始极简生活；难是因为一天两天的坚持，很多人都能做到，但日复一日持之以恒，直到养成习惯，却没有多少人能够做到。

"水滴石穿非一日之功，冰冻三尺非一日之寒。"所以，坚定意志，不图虚名，在无人监督下依然践行极简主义，才是最重要的。而物质则是践行极简的极大障碍，对物质过于痴迷，精神就不可能专注于某些真正有意义的事情上。

舍弃名利，自然轻松极简

要过极简主义生活，舍弃是永远绕不过去的话题。舍弃不仅仅是指物质世界的舍弃，更是指精神世界的舍弃，是指心灵上的舍弃。事实证明，后者往往比前者更为重要。

我们的行为，取决于我们的内心。往往内心越是丰富多彩的人，日常生活就越是简单安宁。物质层面的舍弃都是表象，只是为精神世界的简约专注而服务，只是一种推动我们消除心中杂念的手段。

所以舍弃，应当从心灵开始。

在我突然有了离职想法的时候，我也曾经十分犹豫，毕竟这样的生活我已经过了十年之久。但是每天早出晚归的职场生涯似乎已让我感到厌倦，因为在我的内心深处，始终有一个声音，在呼唤我找回遗失的自我——那个纯真质朴的自己。

我想要养的花没时间照料，枯萎，死了。想要看的书没精力读，放在书架上落了厚厚一层灰。想要去旅行的地方没有机会去，一边看着别人在朋友圈晒照，一边羡慕感慨。内心里对金钱和工作的执着，已经侵蚀了我的灵魂，昔日的纯洁和质朴，已变成今日的世故和圆滑。

在这座城市里，看不到郁郁葱葱自然生长的树林，看不到星光弥漫夜凉如水的夏天。能看到的只有永远堵在路上的汽车，永远挡住阳光的高楼，永远在夜里闪烁着的霓虹灯。我甚至开始怀念那些纵横交错的电线缆绳，肆意地分割着天空，还有那些扰人清梦的蛙叫蝉鸣，恣情地聒噪着暗夜。

于是我开始明白，自己真正应该舍弃的，究竟是什么：是内心对多余之事的执着，是对琐碎生活的过度关注，是对别人闲言碎语的过分在意，是对别人眼里所谓美好生活的盲从……

　　只有对生活的细枝末节一笑而过，才能紧紧抓住生活的主干，花更多时间和精力，打理自己的精神家园，重建一个简单安静的自我世界。这种舍弃，并不会亏待自己！

　　放下心灵的重负，让心安静下来，感受生活质朴真实的美。从灵魂到肉体，一步步变得纯净，一步步走进生活的本质。那个时候，我们就会突然发现，这不正是我们一直想要践行的极简主义吗？

修炼品格，成为最好的自己

在一些人看来，极简主义的生活方式是给出身高贵、不缺钱、有大把闲余时间的人，搞些个性化的浪漫噱头。他们可能会说："我没房没车没存款，生活本就已经使自己捉襟见肘了，还用得着过极简主义的生活吗？"

的确，缺少物质财富，没有经济基础，生活是会过得清寒一些，但这并不是极简主义生活引起的后果，严格来说他们还没有践行极简主义呢！那么，我们是不是可以反推一下，如果让他们尝试极简主义的生活方式，问题会不会有所改善呢？

诚然，他们暂时或许无须去精简物质，但谁又能保证自己身上一点坏习惯都没有呢，精简一些不良的日常生活习惯也是一种极简主义的生活方式啊！生活，不仅是衣食住行、工作娱乐社交的总和，更是一种智慧的体现。

个性能够决定命运，好个性从好习惯开始，好习惯成就好品格，修炼出更加出色的个性品格，对于获得成功人生，有百利而无一害。

修炼好品格，就从平和的心态开始吧！

生气的时候，不妨先保持沉默，等双方都冷静下来再进行交流，这样就能避免许多无谓的烦恼。矛盾少了，心就静了，自然就离极简主义的生活更近一步了。

央视著名主持人李咏，在一次节目中，被嘉宾问道："是否会经常和妻子吵架？"他回答说："不会。因为每次产生矛盾时，我都会先低头认错。"

嘉宾又问道："这样不会觉得很没面子吗？"李咏回答他："成熟的稻穗才会弯腰。"赢得了现场经久不息的掌声。

李咏的话让我们明白，在婚姻中懂得弯腰低头，才能避免摩擦，让日子过得简单清静，从而更加幸福美满。懂得弯腰，就是一种个性的修炼，它不仅能让婚姻美满，更能让生活的每个角落都充满幸福。

和家人产生矛盾争执不下的时候，一味地相互指责，相互伤害，只能使矛盾越来越多，嫌隙越来越大。而学会妥协退步，则会使本就不大的矛盾化为无形，既显示了自己对家人的爱，又能拥有清静的生活和平和的心态。

争执和矛盾在生活中时有发生，如果我们每次都要针锋相对，不争个输赢就誓不罢休，那就会一直处于忙碌和庸俗之中，生活只会越来越复杂。

一场矛盾中，要懂得低头和弯腰，低头不是因为有错，而是为了避免不必要的纠纷矛盾，剪去横生在自己周围的枝枝蔓蔓。

谦恭是人性中最美丽的姿态，是人成熟的标志之一，能让生活变得更简单，这不正符合极简的宗旨要义吗？

生活中有琴棋书画诗酒花的雅致，也有柴米油盐酱醋茶的俗事，倘若事事都要争个谁对谁错，时时都不肯退步妥协，那这样的生活将会是劳累而令人厌倦的。

当然，学会低头弯腰并不是毫无原则的退让，退步妥协也不是不顾尊严的谄媚。只是在面对某些不那么要紧的事情时，弯腰妥协，可以避免不必要的麻烦，让生活更加简单，也不会损害自己的人格尊严。这是在不伤害别人的同时，为自己心灵世界的平静和谐而弯腰。

而生活的复杂性，也在于我们往往将细枝末节般的小事，当作了不得不做的大事，当作了人生旅途的主干，从而自寻烦恼，陷于俗世的冗杂中不可逃脱。

余秋雨说："成熟是一种明亮而不刺眼的光辉，一种圆润而不腻耳的音响，一种不再需要对别人察言观色的从容，一种终于停止向周围申诉求告的大气，一种不理会哄闹的微笑，一种洗刷了偏激的淡漠，一种无须声张的厚实，一种能够看得很远却又并不陡峭的高度。"

个性修炼无疑是人生最宏大的主题，将之修炼到更高的境界，就会有更成熟的表现，生活烦恼自然少。极简主义希望让人们得到的东西，也正是如此。

以简为美，对未来充满希望

还记得当我将想要离职的想法告诉董小飒时，她当即很夸张地喊道："什么？你竟然想离职？那么好的工作为什么要辞掉？"她一脸不可置信的表情，就像在看傻瓜一样地看着我。

确实，小飒说得也很有道理，因为这是我们大多数人当下的生活常态。年轻人上有老下有小，家庭责任和社会责任都不容推脱，而且现在房价那么高，结婚动不动就要求必须有房子车子，工作和生活的巨大压力逼着我们不得不经常加班，不得不经常熬夜，不得不日复一日年复一年地在一个自己并不喜欢的岗位上苦苦挣扎。何况我已经熬到了衣食无忧，有房有车的光景。

我叹了一口气，赶忙跟她强调："我这不还没辞吗？你就一惊一乍的，我要真辞了，你还不得掐死我啊。主要是现在的生活太累了，让我看不到希望。"她倒是没有接我的话，反而陷入了短暂的深思之中。

我知道她应该是被我触动了内心的某一根潜伏已久的弦，于是我就安静地看着她，生怕打断了她的思路。片刻之后，她颓废地跟我说："你还别说，听你这么一说，我觉得辞职也不是那么不可理喻的决定，毕竟我们都已经变得麻木了。"

我给了她一个如释重负的笑容。小飒跟我是多年好友，我们几乎同一时间毕业工作，因为在同一座城市，自然分外亲近。她从一个小职员做起，渐渐在公司站稳脚跟，也在这座城市有了生活下去的资本，但我是知道的，其实她过得并不开心，就像无数个为了生存而背井离乡的普通白领一样。

工作，不一定是自己原本喜欢的；房子，不一定是自己最初想要的；生活，不一定是自己曾经向往的。社会给了我们一个生存的机会，帮我们打开了一扇门，却没有留任何一扇窗，于是我们就在沉闷的环境里，晕晕乎乎地生活了这么多年，看不见外面的光，更看不见希望之光。

"不用太担心，辞职毕竟是一个需要认真考虑的事情，其实真正重要的，是你和我应该让生活简单一点，让自己的内心清静一点，这样才能避开那些纷纷扰扰，过起让自己快乐的小日子。"我安慰她道，同时也是安慰我自己。

小飒点了点头，表示认同我的观点，神情也渐渐从刚才的颓废变成了欢愉。我也被自己的一番话打动，为自己似乎找到了一条出路而高兴起来。

人生在世，谁都不可能一帆风顺地走到尽头，难免遭遇些挫折和苦难，这个时候一个好的心态就显得极为重要，因为它是帮助我们渡过难关的第一要素。

可是，现在大多混迹在社会的普通人，饱尝挫折、苦难、不如意的痛。这些本是"难免"的羁绊，对我们来说却更像是生活的常态，使人找不到出路。

极简生活可以从内而外地改变我们的思想和生活方式，教我们学会以简为美，带给我们关于明天、关于未来的希望。

现代人的生活，虽然不用时时提防着洪水猛兽，却也处于危机四伏的状态。因为各种压力和诱惑，实在是无形的大山，常常使我们喘不过气来。

极简主义生活方式，可以让我们舍弃这些琐碎的无关生命本质的压力和诱惑，用心灵的丰盈澄澈，来使身体轻松，使生活放松，使我们真正享受到生活的乐趣。

所以，极简主义像茫茫大海中的灯塔一般，给我们带来了希望，让我们对生活重新期待起来。这话说得并不为过。

小飒和我告别的时候，我们约定，这周末一起去我们以前常去的那家书吧泡一下午。我和她以前都很喜欢看书，也常常在书吧一坐一下午，但工作之后渐渐少了这闲情逸致，慢慢似乎已经淡忘了。

如今突然有了对明天的希望，这爱好也就在心里重新燃烧起来，再也遏制不住，当然也无须遏制。在迷茫的日子里，试着放下对生活的担忧和不满，静静去找回一些自己曾经热爱的事情，比如看书或者写字。

在劳累的日子里，试着暂停手里的一切工作，约知己一起出去散散心，像少年一样毫无芥蒂地相互倾吐心事。在对未来绝望的日子里，试着不去想未来如何，也不去想过去如何，就顺着自己此刻的心意去做。两眼一闭好好睡一觉，或是静静地看一场老电影，都行。

行动吧！与极简做朋友

叶绮罗留学归国后就来到我们这家外资企业工作，她时常喜欢拿自己来做例子，让大家相信极简生活的魅力。对于她的理论，有人支持，也有人反对，有位同事就十分反感她倡导别人过极简主义生活。

此时，叶绮罗并没有与他做过多的争执，而是尽量不打扰到他，提倡其他愿意相信极简生活的人去尝试。当然，她同时也一直在坚持着自己的极简生活，以身作则，虽然有时候会遭人嫌弃也并不在意，在推崇极简主义的过程里自得其乐。

任何事情都有正反两面，极简生活的确值得我们推崇，但也得讲究一个度。我们不能因为想让旁边人也过这种生活而与他们产生矛盾，那就得不偿失了。毕竟，宣扬极简生活的目的之一，是让自己能有一个更加简单、安宁的生活环境。

叶绮罗懂得这个道理，所以和气待人，抱着顺其自然的态度，从不因此与人产生太大的争执。在她的倡导下，周围的朋友亲人，或多或少都有了一些极简生活的概念，也都开始慢慢尝试，有了像她一样享受生活的心愿和想法。

当周围人普遍开始接受和践行极简主义时，她觉得自己也被这种氛围所感染，有了更加坚定的信念和更为欢乐的生活体验。绮罗致力于鼓励周围人过极简生活，周围人又反过来给了她不断前行的力量，这种良性循环，正是我们为极简主义代言的莫大动力和根本目的所在。

我们为什么要践行极简主义

极简主义是一种真正有利于生活和人心的主义，你向身边人推荐之前，是经过了自己的亲身实践，并从中获益了，所以不必担心它的真伪和好坏。既然如此，我们又有什么理由，不让它的福音传到更多人的耳中去呢？有什么理由不去自觉地做一次极简主义的代言人呢？

当你从极简主义中享受到乐趣，寻觅到你魂牵梦萦的、轻松惬意的生活方式之时，不妨将这种生活方式，也介绍给身边的人，在帮助别人解决了难题的同时，也为自己创造了更浓郁的极简主义氛围，利人利己，何乐而不为呢？

从极简主义诞生开始，就不断有世界名人践行它，推崇它。诚然，这些人并没有直白地说过"我支持极简主义""你们都跟着我过极简生活"这样类似的话，然而他们却在用自己的实际行动和对世界的影响力，为极简主义做着不可替代的宣传。

我们不像他们，随便一个举动都有那么多的人关注效仿，但这并不妨碍我们用自己的方式去影响周围人，带动他们参与到极简主义生活环境的建设中来。

我们很多人，不过是像叶绮罗一样，自接触极简主义之后，生活渐渐发生了很多变化。于是，便践行着极简主义生活理念，日子过得简单又充实，心里感到轻松又幸福。在此之后，心中就有了让更多的人享用到极简主义好处的想法，并开始鼓励和倡导周围人去过极简生活。

行动是最好的代言

将一件事付诸行动，才是打动他人的最好办法。

在我们做极简主义代言人之前，一定要亲自实践并且生活有所改变。只有你亲身经历过从以前的生活过渡到极简主义生活的过程，才能充分了解到其中的酸甜苦辣，才有资格倡导别人；只有极简主义真的改变了你，你才有足够的信心去面对别人的质疑。

小叶身边的亲人、朋友、同事等人，大多都听她讲过极简主义的好处，她总是有意无意地拿他们的生活和自己的生活对比，那段时间，小叶俨然是一位宣传达人，在她的影响下，周围人渐渐也开始了极简生活的尝试，迈出了关键的第一步。

俗话说"万事开头难"，极简主义在当今的世界，毕竟还十分年轻，属于新生事物。人们对新生事物，虽然大都有很浓厚的兴趣，但也难免有所担心和怀疑，而我们的任务，就是帮助这些人消除怀疑和担心，让徘徊在极简主义大门外的那些人，勇敢地推开这扇门，走出第一步。

海明威在《丧钟为谁而鸣》的序言中说过："任何人的死亡都是我的损失，因为我是人类的一员。因此，不要问丧钟为谁而鸣，它就为你而鸣。"孟子也有言："穷则独善其身，达则兼济天下。"

当我们真的能够成为极简主义的一分子的时候，我们自身所散发的光热将会照亮和温暖身边的人。

如今我们从极简主义生活中摆脱了令人绝望和压抑的生活，就有责任也有能力去向周围人倡导这种生活，让更多人的生活变得简单开心，让极简生活的光芒照耀到更多人的心里去。

去过想要的生活

在十年之前，网络购物还是一个十分新鲜的事物，在它刚刚兴起的时候，同样有形形色色的宣传时时出现在人们的眼前，可如今却再也看不到这种宣传，因为，网购已经成了人们生活的一部分，悄无声息地融入了人们的日常生活，从根本上改变了人们的购物方式。

无现金支付也是近些年的潮流。如今针对它的宣传和倡导，也是越来越少，因为它的便利和环保的优点，已经深入人心，不需要再用频繁的热点来引人注目。

极简主义现在风头正健，但这不代表它已经完成了自己的历史使命。恰恰相反，它还有很长的一段路要走。只有当人们对极简主义的生活方式完全接纳，并在自己生活的方方面面随处可见它的影子，且习以为常的时候，才是极简主义真正融入我们生活中的时候。

在这个善变的时代，感情会变，人心会变，生活会变，未来会变，极简主义也会变。那么，我们还能相信些什么？想起七堇年的一句话："人生如路，须从荒凉中走出繁华的风景来。"

这个世界有多善变不重要，人生之路有多艰难也不重要。重要的，是你在这个善变的世界追求些什么，是你如何去走这条荒凉的人生之路。

无论时代和极简主义怎么改变，极简生活的本质都不会变，那就是追求自己真正想要的生活。

极简生活始终在路上

在极简主义的发展已经相当成熟的今天，人们对它的了解越来越深入，接受极简主义、追求极简生活的人越来越多，甚至成了一种普遍的社会现象。但这绝不是极简主义的终点，还有许许多多未知的可能，等待着我们在极简生活中一点点去探索。

茨威格说："在严格求实的探索已山穷水尽之处，却可以让想象展开翱翔的翅膀，发挥有益的、在某种意义上来说也是可靠的作用。"极简主义的发展是一个需要时间的过程，既然我们不可能穿越到未来去亲眼看看极简生活的前途是怎样的，那么不妨想象一下，极简主义的未来，将会走向何处。

在姹紫嫣红的春日里，走上春水初生的河岸，看一看那绿杨新柳。在夏日的灿烂晚霞下，躺在木质清凉的藤椅上，看一看红透的天边。在秋天的飒飒晚风中，与心上人漫步枫林，看一看草色烟光残照里的霜叶。在银装素裹的冬夜里，与家人围坐在暖暖的火炉旁，看一看窗外的火树银花。

这样的日子是清静而快乐的，也是看似简单的。然而我们每天生活在大都市里，满眼望去，尽是钢筋水泥堆砌的高楼大厦，还有头顶那狭小的天空。每天有忙不完的工作和琐事，这看似简单的事情，却仿佛与我们不在一个世界。

正是因为缺失，所以才要寻找，所以，我们才会推崇极简主义。

随着科技的发展和人道主义的不断进步，未来的社会将会越来越有利于人们的日常生活，现在存在着的物品堆积等问题，或许在不久的将来，就会成为过去时，不需要我们再为之费心。与时俱进，紧跟时代的步伐，才是极简主义保持长久生命力的关键所在。

从某种意义上来讲，极简主义现如今被许多人大力提倡的现象，也正说明了极简主义仍处于发展之中，还未能达到春风化雨润物无声地影响人们日常生活的境界。

只要我们有追求，就将不断探索极简主义

在忙碌中我们追求悠闲，在悠闲中我们追求安定，在安定中我们追求快乐，在快乐中我们追求永恒。人的一生，就是一个不断追求的过程，追求自己想要的一切。

极简生活只不过是在这个浮躁的时代，顺应了大多数人对于自由和安宁的渴求。在未来的日子里，或许极简主义的内涵会因为人们生活方式的改变而改变，但人们追求自己想要的生活的本质，一定会超越时代的局限，永远地留存下来。

如果你对自己现在的生活并不满意，又尚不知道自己究竟想要什么样的生活，那就敞开心扉，开始寻找，开始尝试不同的生活。只要你敢于尝试，总有一天，你会找到自己真正喜欢的生活。

如果你已经清楚自己想要怎样的生活，却还在过着并不快乐的日子，那就下定决心，勇敢追求，追求自己理想中的生活。只要你有足够坚定的信心和坚忍的毅力，迟早会在追寻梦想的道路上遇见雨后的彩虹，苦尽甘来，过上想要的生活。

///

在劳累的日子里，试着暂停手里的一切工作，约知己一起出去散散心，像少年一样毫无芥蒂地相互倾吐心事。

///

人的一生，越是真实，就越是自由，越是问心无愧。

遏制欲望是下策，疏导可管一世。远离不切实际的幻想，过极简生活，拥有幸福和快乐。

尽情欣赏湖光山色和明月繁星，清洗心灵；

坚持质朴简洁和自给自足的生活，锻造灵魂。

精简欲望，活出生命的本真

Chapter2

精简欲望，活出生命的本真

此前热播的《人民的名义》，对官员贪污腐败的揭露尺度之大前所未有，也让观众看到了那些手握实权的人，如果任自己的私欲无休止地扩大，会引发怎样严重的后果。

有人为钱，有人为权，不管是为了什么，这些人民政府的官员，都应该有所节制，若是陷入欲望的泥淖无法自拔，那将会不动声色地毒害社会，贻害无穷。

贪婪确实是一个无底洞，诱惑着不知满足的人一步步堕入地狱。

如果我们心灵被欲望所支配，那么导致的结果是：要么是对虚伪的物质追求趋之若鹜，最终一同毁灭；要么就是在低俗的名利场中挣扎，了却余生。

远离不切实际的幻想，过极简生活，拥有幸福和快乐。尽情欣赏湖光山色和明月繁星，清洗心灵；坚持质朴简洁和自给自足的生活，锻造灵魂。

面对真实的自己

我们每天生活在一个鱼龙混杂的大世界里，为了更好地生存，不得不披起色彩各异的外衣，藏起真正的自己。

这无疑会给生活增加额外的身体负担和心理负担。你为什么挣的钱越来越多却活得越来越累？为什么职位越来越高却感觉越来越不幸福？

因为你一直活在别人的眼中。

"坦然面对自己"这几个字，说起来简单，做起来难。因为人人都喜欢为自己的错误找借口。我们往往希望把自己好的一面展示给别人，把不好的一面留给自己。但是，倘若你都无法接受真实的自己，那还有谁能够接受呢？

每天睡觉之前，我们不妨反省一下自己今天的所作所为，然后将做对的和做错的，都记在心里。第二天起床的时候，告诫自己昨天做错的事情，今天不能再做，昨天做对的事情，今天要继续保持。

面对真实的自己，既是一种独特的人生态度，也是大智若愚的人生智慧。与其整天戴着厚厚的面具自欺欺人，活在怕被人拆穿的恐惧中，不如索性撕开面具，坦然接受自己的欲望、缺点和错误，做最真实的自己。

人的一生，越是真实，就越是自由，越是问心无愧。

不将欲望当作理想

有一年冬天，临近万圣节，我要去加拿大出差，适逢表哥表嫂来串门，他们便委托我给表嫂的弟弟捎点家乡小食之类的，我自然乐意，因为我很想再见一见这位让我难忘的故人。

当年表哥表嫂的婚礼我因忙于学业并未参加，自然对表哥的小舅子没有任何印象，算来也应该叫他一声哥哥才对。那时他在我上学的城市读研，自然少不了对我多些照顾。他第一次送我去学校上课，还特意请我吃了晚饭。

那餐饭在当时称得上精美了，两个人四个菜，还有我最喜欢喝的汤。所以，我对这位留洋工作的超级学霸哥哥的印象之深，不是他以吉大数学系研究生身份去加拿大留学，并在加拿大皇家科学院工作，而是源于第一次见面吃饭的过程。

他兼职做家教赚生活费，他教的那个孩子成绩进步很快，孩子家长是做国际贸易生意的，见识挺广，建议他继续留学深造。起初他只想毕业后尽快工作，因为他出身普通家庭，生活条件不算好，所以不难想象他急着工作赚钱的理由。然而那位雇主给他讲了很多，他改变主意决心去留学。

我现在想来，那应该是关于未来职业规划的东西，可是当年我却不懂，只艳羡地说："去留学以后就能找到更好的工作，肯定能过上更有档次的生活。"他笑着，十分认真地告诉我说："我要实现理想，不想追逐欲望。"

那个年代还不怎么时兴将吃剩下的饭菜打包，餐后，他要求服务员把剩菜打包，对我又是一件触动很大的事情。我想多了解他，多接近他，可是中国和加拿大相距甚远，也就不怎么联系了。但他一直就像 superstar 一样存在于我的心中，以至于后来我很多学业和职业抉择都跟他有关。

在加拿大的那次见面，我们似乎又回到了学生时代，先是聊亲人，再聊国内变化，最后聊到我们自己。我说，多年来一直将他当成榜样。他风趣道："那后来怎么不联系我了？"我风趣回："丑小鸭不敢奢望见白天鹅的心理，懂吧！"

我们毫无芥蒂和掩饰地嘿嘿笑起来，我突然想起他当年那句"我要实现理想，不想追逐欲望"，便问他："还记得吗？"他愣了下，选择了回避，说道："安排好住处了吗？要不，这段时间去我家吧，我负责招待你！"

我只身在异国他乡，跟自己的亲友故人住自然来得安心，所以开心接受他的安排。当他将车开到他家篱笆旁边时，我看到的是一幢很有加拿大风格的三层独栋房子，檐下带回廊带花园，看起来有精心养护。

走进室内，我更是吃惊，很简约的风格，物品不是很多，但井井有条，尤其四处都能看到书与艺术的影子，总之就是干净整洁的印象，完全不像一个单身汉、理工男的家……我笑起来："难怪你这些年给家里寄回去那么多钱！"他笑说："你不会以为我在节衣缩食吧！"然后他认真地告诉我，"我只是喜欢这样简单自由的生活。"

讲到这里我想可以停下了，冗长故事讲多了，容易显得拖沓，也与本书的极简主题背道而驰，我们换一种形式将剩下的部分讲完吧。

没错，从他的言谈举止中，我也找到了我想要的答案！他一直在追求理想，果真看不出追逐欲望的痕迹。那时，他把他的生活状态称为极简主义！

其实，我对于这位故人最难忘的地方，是他一直给我展现的那些与众不同的思想，并且努力践行着那些思想，他是积极向上的，洁身自好的，也是极具个性的。

他认为，美好的爱情是享受的，满意的婚姻是幸福的，然而生活理念的契合是前提。当年出国留学是为了追求理想，他不喜欢把有限的时间花在处心积虑搭讪女人之上，不想有了稳定生活就忘记自己一直在努力寻找的是什么。

可能在平常人眼中，在国外有份高级的工作，生活肯定是无忧无虑，甚至是精彩奢靡的，其实在哪里都一样。对普通人来说，理想是丰满的，现实是骨感的，对于像他那样孤身一人在国外奋斗的留学生也一样。如果不努力就有可能被后来者取代，如果选择一个错误的伴侣，就有可能影响人生走向，尤其对他那种超脱物质生活，强调心灵追求的人。

我经常怀念那段日子，我们在他清淡简素的厅堂里，各自围着厚实的毛毯坐于温暖的壁炉前，看着各自喜欢的书籍，我猛然抬头，看见他的眉宇间尽是怡然自得的宁静。

　　人生到底要追求什么，是一件很重要的事情！在我看来，他的学业是成功的，事业是成功的，生活也是成功的。如果说，这一切起初源于他的个性和理想，那么在他成功以后，应该就是源于他的生活态度了，或许说那个极简主义的践行。

　　奉行极简主义的生活，不将欲望当作理想，才能追求更大的成功，人生当如此。

///

不必严守清规戒律，更不必有百般禁忌。不用刻意压制自己的欲望，而是
充实心灵和头脑，用强大的精神力量来净化欲望，从而过上朴素舒适的生活。

///

们要珍惜的，应该是那些"断舍离"之后遗留下来的……

学会断舍离，让心灵减负

日本作家山下英子，通过参悟瑜伽"断行、舍行、离行"的人生哲学，从而提出关于"断舍离"的理论，她将该理论套用在日常家居整理与改善心灵环境方面，备受现代人的关注。

然而随着"断舍离"生活理念的盛行，其内涵早已超出家居整理范畴，进而成为遵从极简主义生活者的必修之课。

过度注重物质生活的人们，却因太多物质欲望与需求，将生活变成了一种毫无美感的生存。而我们都知道，生存与生活，在某种意义上是完全不同的两个概念。

将生活过成生存的人们，更像是习惯地获取，机械地收藏，从不静下心来仔细想想，究竟哪些才是自己真正需要的东西，也从未有过"断舍离"的念头，更不用说学会享受生活了。

很多人觉得，所谓"断舍离"就是简单丢弃。丢弃积压在衣橱最下面多年不穿的衣服；丢弃因为买了新手机而不再使用的旧手机；丢弃搁置在书柜里已经蒙尘的书籍；丢弃堆在杂物间里破旧的锅碗瓢盆……

其实不然，"断舍离"的终极目的，是让我们用极简主义的生活方式，去享受生活，寻得精神世界的一片净土。

"断"是断绝不需要的东西

何为不需要的东西？这个定义的关键不在身体，而在心灵。生活必需品就像氧气那样不可或缺，除此之外，那些丢掉后不影响正常生活的东西，就应从心灵的角度来判断是否该"断"。倘若有碍心灵自由和纯净的，便可丢弃；若可滋养心灵，便应保留。

"舍"是舍弃多余的物品

人类生产力与供给需求趋向平衡的时代，相信多数人的家中，应该都有许许多多的旧品杂物，或许这些旧物并非失去原有功能，仅是因为有了更新的替代品，才被无情打入"冷宫"的。

那么问题来了，在这些旧物中，哪些才是我们应该舍弃的多余物品呢？答案，就在心学大家王阳明的一句话里。

王阳明和朋友去看花。阳明对朋友说："汝未来看花时，此花与汝同寂；汝来看花，花与你同时明白起来，可见此花不在你心外。"

王阳明是唯心主义观的践行者，当然，我们并不是要学习他的唯心主义，而是透过这句话里的禅意，理解舍弃的关键取决于——舍弃的东西是不是心灵以外的东西。

"离"是脱离对物品的执着

物质文明的高速发展，让人们渐渐对某些物品产生了依赖性，比如手机。现代人离不开手机，更有甚者一天到晚手机不离手，与手机奴隶无异。过于依赖物质世界，其结果必然无力探索精神世界。脱离对物品的执着，可放下负担，在繁复冗杂的现实里安享简单之乐。

舍得有限，才能赢得无限

舍得有限，才能赢得无限，舍的是物质世界的有限，赢的是精神世界的无限！

第一步，丢掉身边多余的小物件。

现代人的物质欲望和诱惑，今非昔比，与日俱增，所以对"断舍离"的需求更为迫切，我们不妨从现在开始，从丢掉身边某件不需要的小东西开始，努力还自己一个清静简单的生活。

第二步，将自己不需要的物品归纳到一起。

凡事都不能一蹴而就，要改变长久以来的生活习性更不是三两天就能做到的，而是需要一个循序渐进的过程。在丢掉一部分小东西之后，我们就可以进一步把所有不需要的物品都放在一起，节省空间，也节省精力。

第三步，克制自己的侥幸心理。

极简生活，只有想不想去做的问题，不存在是否能够做到的问题。或许你现在丢掉一件自己根本不需要的东西，并不能改变什么，但你要相信，这会是一个好的开始。一旦开始，就不要回头，否则前功尽弃。

生活就是一场"断舍离"的旅行，我们在旅途中遇见各种各样的人和事，丢弃一些，得到一些，而后渐渐明白真正想要什么，遂在这花花绿绿的世界中，面对形形色色的选择，走出令自己最愉悦的一步。

那些被我们丢掉的东西，也曾陪我们走过了一段路……

然后变成我们路旁的风景，从此人山人海，不再归来……

我们要珍惜的，应该是那些"断舍离"之后遗留下来的……

不用刻意压制，用精神力量来净化欲望

记得从前在公司里时，国际事务部有个新调过来的同事，是一个从英国留学回来的小姑娘，有个好听的英文汉化名字——莉丽丝。她自称国外极简主义生活理念风行，自己也是国际极简大军中的一员。

莉丽丝初回国，不知听谁传说的：国内饮食习惯超浪费，人际交往爱面子，双十一、双十二各种疯狂购……她刚来公司就跟大家宣讲起极简的好处来，甚至开始尝试起来。

平时她不和我们一起逛街，也不和我们一起游玩；明明薪水足够花，却每日都是粗茶淡饭，勉强吃饱；衣服恨不得一年都只穿那一身；正处在活泼好动的青春年华，却每日逼迫自己枯坐在家里，

将异性视为洪水猛兽……

结果怎么样呢？不到三个月，她的体重就整整掉了十斤，本来就瘦弱的身体，现在三天两头感冒发烧，脸色现出病态的蜡黄。有的同事劝她放弃什么极简吧，有的同事认为她不近人情，让人难以忍受，干脆疏远了她。

有一次她感冒严重无法驾车，下班我说送她回去，但我没有直接送她回家，而是把车开到一家我常光顾的火锅店，她说没有胃口，我说你应该尝尝我们国内的民间美食，让自己出一身大汗，感冒自然就好了。

席间，她幽幽地说："最近……我好像被大家讨厌了……我还想回英国！"我说："不想找到原因吗？逃避不是解决问题的办法。"她说："我跟大家的生活理念不同！我……"

我一时不知道如何劝慰她，只记得两个人，隔着火锅的腾腾热气，各自内心都跟着腾起一片唏嘘。若时光可以倒流，我想我会有一个更系统的思路，告诉莉丽丝错在哪里！

莉丽丝的失败是因为她只看到了极简的表象，没能触摸到它的本质。她那种不切实际的、断章取义的极简理念，反而会让她的生活变得更糟糕更复杂，与极简主义生活的根本目的背道而驰，丝毫看不出享受生活的意味。像个苦行僧一般，简直跟禁欲无异。

她在生活的方方面面都给自己定下严格的规定，这无形中会增加自己的心理负担。用"禁欲主义"来践行"极简主义"，最大的问题就是，会让自己在潜意识里认为，极简生活是一项极其艰难的任务，而不是一种享受的过程。

极简主义是一种从心开始，由心及物的理念，节制欲望本身没有错，可是如果过度，就会出现矫枉过正的问题，平白无故给自己惹出不少麻烦。

一次极简主义的失败践行，对莉丽丝造成了不小的心理阴影，信心大受打击，她感到迷茫和无所适从，不知接下来该如何去实践极简主义的理念。所以用禁欲主义来探索极简生活，实在是得不偿失的。

了解自己，是为了更好地控制欲望。面对极简生活和物质需求之间的矛盾，首先要解决的，就是该如何处理欲望的问题。是不是完全抛弃了这些欲望，我们就真的能成为一个极简主义者了？

极简主义之所以不同于禁欲主义，根本的原因在于二者的内在目的不同。禁欲主义是通过禁欲，与世俗隔绝，求得无欲无求的超脱；而极简主义，是教我们通过精简生活的细节，来使自己感到舒适满足。

极简生活是对自己喜欢的一切，不过度追求也不有意克制，一切顺其自然，随心而行，如此才是极简主义的真谛。

其实，极简主义是从心灵上、从本质上将那些使生活复杂化的欲望念想消灭掉。而消灭这些东西最好的办法，就是用纯净而丰富的心灵，来净化这些污渍，将这些扰乱我们生活的枯枝败叶连根拔起，还自己一个敞亮平和的精神世界。

李嘉诚曾经是亚洲首富，外人对其生活有过诸多猜测，但据媒体报道，他的生活其实比大多数人都要简朴。

他每天的工作，基本都是在办公室完成的，除工作以外，闲暇时会打打高尔夫球，看看书，一副眼镜戴了四十年，一双袜子自己补了多次，这些都可以说明他的生活之质朴。正是因为他内心是高尚和丰盈的，所以才能在生活中过得简单和快乐。

不必严守清规戒律，更不必有百般禁忌。不用刻意压制自己的欲望，而是充实心灵和头脑，用强大的精神力量来净化欲望，从而过上朴素舒适的生活。

"精专"往往比"多杂"更重要

朋友子璇，只要一听说哪里有优惠促销活动，就会赶过去一股脑地买一大堆东西搬回家。日用品，她要同时买好几个牌子的，每个牌子还都要买多种型号的；衣服，她买了外套就要买毛衣，买了毛衣就要买裤子，买了裤子又要搭鞋子……

她从不考虑这样是否会造成浪费和堆积，面对别人不解的目光，她却有自己的说法。她认为，反正买了放着，迟早会用得上，总比想用的时候没用的了要强吧。乍一听似乎挺有道理，但细想一下就会发现，这种说法经不起推敲。

就如我刚上大学的时候，面对学校社团和协会十分隆重的招新会，我一时有些眼花缭乱，不知道该选哪个好。当时本着锻炼自己的原则，想着多一个总比少一个好，于是一口气参加了四五个社团。

可是，接踵而来的社团任务和活动，却让我不堪重负。每个社团和协会的活动形式不一样，内容更是千差万别，我把时间浪费在奔走忙碌中，知识和能力却不见增长。贪多的害处由此可见一斑。

现在的商家为了谋取更大的利益，往往选择薄利多销，其中最常用的一种方式就是满减，即购物满一定金额之后，可以得到相应优惠。

这种方式很受消费者欢迎，它也反映了当下人们普遍的消费心理：求多胜过求精。数量上贪多，很容易导致质量的下降。这表现在生活上，就是追求太多而一无所成，赔了夫人又折兵。

我们购买物品是为了满足自己的实际需求，而不是为了"不时之需"。这样一味求多的心理和行为，只会增加自己的财务负担，造成不必要的浪费，并不会给生活带来实际的好处。

贪多嚼不烂是一方面，可更严重的是盲目贪多，会使身体和心灵处于极端的混乱之中。乱则生变，当你在这千头万绪中理不出个所以然来的时候，就会渐渐丧失对生活的热爱和激情，只剩下麻木和敷衍。

就如我经过社团的初期尝试，终于发现过多的社团活动，不仅不能让我学到东西，反而会给我的生活带来负面影响。于是我放弃这种华而不实的数量追求，转而专注于质量追求，只留下了真正适合自己的一两个社团。

因为精力集中，我很快从中获益，锻炼了自己的交际能力，也丰富了大学生活，为我日后的求职之路做了一个好的铺垫。

人类的欲望就像一个无底洞，求多不求精的心理，就是无底洞的铜墙铁壁。只有克服这种心理，才能从无底洞中重见天日。

贪多的欲望不同于罪恶的欲望，它不一定会把我们拖进罪恶的深渊，但却一定会让我们对生活的种种事端不胜其烦，过得繁忙而庸俗。

"精专"往往比"多杂"更重要。那么在实际生活中，我们应该怎样做到不贪多而求精呢？

第一，不乱买东西。买东西是最容易贪多的，只有时刻告诫自己，精选物品而不泛买，才能让生活简单。

第二，每天要有每天的计划。每天给自己定下一个目标，才能分出轻重缓急，明确了自己的目的，也就不会盲目贪多了。

第三，每件事都努力做到最好。只有对于质量精益求精，才能将注意力从贪多的角度转移到求精的角度。努力将每项任务做到最好，既能通过求精来遏制贪多的心理，也是获得生活幸福感的一种方式。

///

舍弃人生旅途上的岔路，也是为了给自己留更多的时间走在主干道上，欣赏契合心意的美妙风景，享受沿途的鲜花怒放和草树斜阳。

生活要想简单，就得主次分明。只有舍弃掉那些次要的凡尘琐事，才能精简物质，进一步精简心灵，达到"心远地自偏"的境界。

///

提升内在修养，不做"键盘侠"

虽然公司一向不提倡上班时间看花边八卦，但这种事就像早恋一样，怎么管都管不住的。部门里的筱雨，就是一个经常沉浸在八卦新闻和娱乐消息中的女孩儿。

说好听点，筱雨是一个活泼的女孩儿；说难听点，她就是爱管闲事。网上稍有点舆论的风吹草动，她总是办公室第一个知道的。关心社会新闻本是好事，爱看娱乐八卦也只不过是个人爱好，无伤大雅，可是她却把这些网络信息，放在了比自己的正经工作还要重要的位置。

自己的生活尚未完全步入正轨，却用大把的时间来对别人的生活指指点点，这无疑会使筱雨的生活没有重心，每天过得浑浑噩噩。她不只关心自己，还要关心整个社会的八卦新闻，这种"兼济天下"的精神真是需要十足的"过剩"精力。

筱雨不仅自己对这些八卦新闻趋之若鹜，而且生怕我们不知道一般，每天在办公室大肆宣传，向我们发表她的见解。言辞之间，常常表现出愤世嫉俗的姿态。

网络信息占去了她的大部分时间，她每天的生活似乎都十分繁忙——忙着刷八卦，忙着看热点。而真正应该费心去做的事，一件都没有完成。

现在的社会是一个信息社会，在我们身边永远充斥着各种各样的信息，网络的发达也使得信息的传播不再有距离的限制。

网络信息，有利有弊。利的一面表现在它传播速度快，受众广，可以通过大众的力量来监督这个社会的公平正义。弊的一面在于它的虚拟性容易使人沉迷，它的舆论导向性容易引发网络暴力。

像筱雨那样，被网络信息占去她大部分时间，生活繁忙无心去做该做的事，她的内心世界就会在这样的消磨中越来越贫瘠，极容易变成一个毫无内涵可言的人。而这也在一定程度上给我们的生活带来了困扰，阻碍了我们享受极简生活的脚步。

真正值得的爱好，一定是能够为自己的生活和未来提供动力的爱好，能让自己保持一颗纯真的心，日子过得简单而不乏味。

如果因为热衷于八卦等网络信息，把自己的日常生活变得一团糟，永远没有安宁的一天，永远生活在他人的信息中，那这样的热衷还有什么意义呢？

其实筱雨虽然对网络信息热衷过了头，但还没有加入到"键盘侠"的行列，可有些人就不一样了。

他们并不会对周围的人说三道四，却总是在网络上发表评论，评论的对象从娱乐头条到热点新闻，从体育竞技到科学技术，几乎无所不包。而在现实中，这些人往往只是得过且过，整天无所事事的失败者。自己的生活往往与网络上的言论背道而驰。

那我们怎样才能不做"信息人"，不做"键盘侠"呢？可以从这些方面入手。

精神上，提升自我内在修养。人最重要的是要提升自我修养，而"键盘侠"却只会藏在网络世界里，对自己所看到的现象评头论足，制造舆论和网络暴力。我们不能盲目跟风，而要付出实际行动。

生活上，确定明确目标。"键盘侠"和"信息人"往往都是没有明确目标的，所以对于一点风吹草动都会大惊小怪。我们要给自己一个明确的目标，才能避免对这些网络信息过分投入，才能保持自己的独立思考能力。

　　舍弃时，学会筛选信息。舍弃存在于生活的方方面面，面对如今铺天盖地的信息，我们也应该做一个有自己的原则和主见的人，能筛选出对自己有用的信息。

　　当然，极简生活并不是要我们离群索居，完全无视网络信息，在今天这个时代，这也是完全没有必要的。要想避免繁复冗杂的信息，不成为一个"信息人"，就得专注于内省，专注于提升自己的文明素质和精神境界。

　　当你工作累了时，拿出手机刷一刷新闻微博，既能放松自己的身心，提高工作效率，又能了解到最近社会上的新鲜事。劳逸结合，让自己紧跟时代步伐，不被时代所抛弃。

　　可是，如果你本末倒置，在刷微博、看新闻、聊八卦、敲键盘的间隙中，偶尔工作一下，把网络信息当成了生活的主角，把工作和日常生活当成了配角，那就得不偿失了。

　　生活要想简单，就得主次分明。只有舍弃掉那些次要的凡尘琐事，才能精简物质，进一步精简心灵，达到"心远地自偏"的境界。

　　舍弃人生旅途上的岔路，也是为了给自己留更多的时间走在主干道上，欣赏契合心意的美妙风景，享受沿途的鲜花怒放和草树斜阳。

不要成为手机奴隶

记得很久前，在朋友圈流行一句话，叫"让我们谈一场丢掉手机的恋爱"。当我们丢掉手机，去面对身边人时，一种原来没有的东西在内心躁动，原来感情是这么说不出讲不清却好像也很明白。摒弃了屏幕里的东西，握紧了实实在在的手心。

不想疏远朋友，所以认真点进他们的朋友圈，看看他们过得是否开心。但不要被屏幕掌控，而是过真正的生活，维护真实的朋友圈。我很享受现在的状态，也希望你们过得热气腾腾。

乔恩是经常与我对接业务的合作公司高管，他算是一个高级白领中的佼佼者了，因为足够优秀，在他们公司里是绝对的风云人物，曾经与多国代表洽谈，面对对方的重重压力他面不改色，最终拿到了公司筹谋已久的项目，成为职场大赢家。

然而这种生活同时也是繁忙的，他少有时间处理自己的私事，自然也没什么工夫去追求私人爱好。一段时间之后，他渐渐地很少在各种会议上露面了，直到一次公司聚会，再见面时我发现乔恩沉稳寡言了许多。

后来我才知道他已经主动卸掉了所有职务，他喜欢旅行，将曾经拿来加班的时间都用去旅行了。他说，自己并不喜欢之前的生活，每天被排满了日程，整天手机响个不停，使他丝毫没有时间去为自己做点什么。

他说，一听到手机响，心跳都跟着加速，一拿起手机，他情绪也会随之拥堵起来，但是现代人，尤其职场中人，怎么可能少了手机呢？这一切都让他很焦虑。所以他选择放弃，远离手机，去做让自己开心的事。

那时我很钦佩乔恩的决定。其实，焦虑就是浪费时间，它不会改变任何事，只能搅乱人的脑袋，偷走人的快乐。

事实上，我们的眼睛更容易专注于自己想要的，这是受人的欲望本能所驱使的，是进取的体现，同时却也容易囿于欲望从而求取更多不必要的东西，使你的生活变得冗杂，让你疲惫不堪。

你做着一份不喜欢的工作，房间里一大堆永远不会穿却也不舍得扔掉的衣服，四处散落着还没彻底报废但是很难使用的旧物件……它们无时无刻不在拉低你的生活品质，减少你的幸福感，消磨你生活的热情。

有时候是我们的欲望让我们以为我们要得很多，但其实当你真正开始舍弃的时候，才发现你根本没那么需要。身体的康健，家人的守候，朋友的拥抱，恋人的亲吻，这些生命里的最本真的需求往往就被忽略了。

你看，生活中最美好且最珍贵的东西往往是免费的，更多的是需要用心去经营，而非钱物。事实上，你已经拥有了很多，不是吗？

比如，某日清晨醒来，爱人为你放在餐桌上的热腾腾的牛奶，还有或是买来的或是自己做的，已经准备好的早餐。

比如，天气变凉时远在外地的父母，给你打来电话，或是发来信息，就像你仍然是个小孩子一样，不放心地叮嘱你注意多加衣服，不要着凉。

比如，你遭受挫折、灰心丧气的时候，朋友陪你外出散心，大自然的清风与明月，从来不吝惜它的光辉，一如身边不离不弃的朋友，永远给你向前走的力量。

正如我们所倡导的，极简是一种生活姿态，也是一种素养。除了物质，更多的是内心的富足。这就很容易让我们联想到类似于佛门弟子的一种修行，他们把物质需求降到了最低，布衣寒食，受戒奉斋。

这对于生活在都市中的我们有借鉴的意义，却不必去盲目效仿。于我们而言，极简不是让人去找到真正想要的，真正要的一直在你身边。极简是帮助摒弃噪声，专注想要的自身，安心踏实，找寻到你生命中的本真。换言之，极简不是苦行，是为了更好地享受生活。

一个物品，如果不能肯定地说要，那么就肯定地说不要。足够少，足够好就成。手机不是不好，但过度依赖，被手机掌控了人生，就会成为手机的奴隶。

不要被金钱冲昏头脑

当我写下这个标题时，我的脑海里浮现出我大学期间一位很出色的教授，他发表过不少很有见地的论文，在学术界也算小有名气，而我认为他说过的几句与其研究领域无关的话，更值得让我铭记。

他说：对待金钱，应若即若离；他坚信：为钱做不喜欢的事叫作牺牲时间。我经过毕业工作，各种生活历练以后，再回味教授的话，越发觉得精辟。我认为，钱要爱，但不能溺爱；时间总归要逝去，但不能用来做不喜欢的事情。

这位让我难忘的教授是我大学时代的客座教授，30多岁就当上了某学院的副院长，是他们学院里最年轻的一位教授。他讲课既风趣幽默，又见解独到，谈笑间将知识都深深印在了学生的脑海里，深受学生的欢迎。

　　他坦言，因为小时候穷怕了，所以现在很爱钱，每个月都要看到薪水一分不少地存进银行卡内才肯放心。为了挣钱，他努力工作，在《光明日报》发过文章，在央视《法律讲堂》录过节目，但他却没有因为钱而盲从。

　　某高校曾经慕名找到他，愿意高薪聘请他去带领教师团队，完成某个项目。对方开出的价格十分诱人，但是他经过慎重考虑后还是拒绝了。因为他还是喜欢在大学里做学问，他不愿意为了钱而牺牲时间去做自己不喜欢的事。

　　为了钱，做不喜欢的事，叫作牺牲时间，因为时间大于金钱，乐趣重于金钱。

　　为了钱而牺牲时间去做自己不喜欢的事，这样的情况在我们周围屡见不鲜，多数人是为了糊口而工作的，本无可厚非。不过，若是有的可选，还是尽量做自己喜欢做的事情吧。

　　"钱不是万能的，但没有钱是万万不能的。"这句话虽然充满了调侃意味，但也真实地表现出金钱在当今社会的重要性。

　　真正有错的，是把追求金钱当作了生活的主要目标，为了得到金钱而失去了生命纯洁质朴的本真，做了可悲的守财奴。

巴尔扎克笔下的吝啬鬼葛朗台，对金钱的狂热和执着达到了无以复加的地步。当他看到已成年的女儿拿着一个纯金打造的妆匣把玩时，他虽然清楚地知道那是女儿的定情信物，却还是像发了狂一样扑上去，想把金妆匣据为己有。

倘若对金钱的执迷已经到了这样的地步，那么鼻子就会被铜臭味堵塞，生活中入眼的一切，皆用金钱来衡量其价值，毫无乐趣和享受可言。

金钱的获取上也是这样，如果浅尝辄止，不论是赚还是赔都一笑而过，不往心里去，它就能成为我们享受生活的一种娱乐方式。如果被金钱所束缚，掉入不知满足的欲望深渊，执迷其中，影响到自己和周围人的生活，那就会一步步走向灭亡。

被金钱欲望冲昏头脑的人，往往会丧失理智，成为金钱的奴隶，生活也会在泥足深陷里变得复杂颓废。

金钱如同美酒一般，小酌怡情，大醉伤身。人生真正重要的，是生命和自由的价值。生命的价值在于心灵的自由和生活的质朴本真，这些才是我们真正应该追求的。而这些我们真正应该不遗余力去追求的，却恰恰是我们忽略最多也最久的……

在我刚入职那会儿，同龄人大都有了自己的工作，大家的身上仿佛都有了一个担子，挣钱一下子就成了共同的目标。那个时候，同学朋友别后重聚，聊得最多的就是工作待遇和前途，我们在不知不觉中，都成了金钱忠实的追求者。

人在这种境遇下，极容易被利益冲昏头脑，也容易掉进金钱的欲望深渊，一辈子被钱财锁住，违背原则做出伤天害理的事。一旦利欲熏心，就会离曾经想要成为的那个自己越来越远，终至与这浊浊尘世的淤泥化为一体，彻底沉沦。

所幸的是，我并没有在利欲的旋涡中迷失自我。因为我渐渐明白，金钱不过是我们通向理想生活的一条途径而已。

对待金钱，我们应该抱着若即若离的心态，就是追求金钱的同时，将它看作身外之物，追求而不强求。要发挥金钱积极的作用，扬长避短，让金钱成为物质生活的保障，成为"动以养德，静以修身"的动力。

追求金钱的方式像海风，决定着你航行的方向；而追求金钱的目的像船舵，决定着你最终到达何处。但归根结底，这一切都还是取决于掌舵的人。

追求金钱是为了实现自己的梦想。一个人如果目的纯洁，那他对于金钱的态度一定是若即若离的，虽然追求却不沉迷，虽然有欲望却不纵容，虽然爱钱却一直守着自己的原则，不被金钱欲望左右。

可以将金钱当作努力工作的动力，但不能因为钱放弃理想生活；可以为了钱牺牲时间做事，但不能因为钱失去生活乐趣！我想这才是极简主义所倡导的对待金钱的态度！

///

　　当我开始践行极简主义生活方式，将家里收拾得干净明了，起床后脑海里再也没有挥之不去的尔虞我诈、你来我往的时候，我不禁张开双臂深深呼吸，发自内心地微笑起来。

丢弃掉纯属多余的废物，安顿好五花八门的杂物，再不为找东西而发愁的你，从此大可酒至微醺，再祝东风杯莫停。

极简生活，
最简单的才最美好

Chapter3

学会整理，精简家具

在过往的岁月里，我一直对"生活多姿多彩"这句话心存疑惑，因为现实中的我们，生活单调乏味，甚至凌乱局促，书里所言的"多姿多彩"，恐怕仅是一纸空谈罢了！

在我接触到极简主义精神，并决心践行时，我渐渐有些明白原来"多姿多彩"是两个概念，它应该断开为两个词："多姿"和"多彩"。

生活存在各种姿态，各种姿态也衍生出各种色彩，那个"彩"也有"结果"的意思，所以，也可这样说：生活存在各种姿态，各种姿态衍生出各种结果。

我之所以曾经疑惑"多姿多彩"仅是一纸空谈，是因为生活中总有这样一些场景。

当我工作了一整天，又累又饿地回到家里，映入眼帘的却是歪歪斜斜的桌椅床柜，油腻肮脏的杯盘碗碟，心里就会没来由地感到一阵烦闷……

当我在冰天雪地的风雪之夜，哆哆嗦嗦地打开房门，迎面扑来的却是冰冷家具满堆的狭小房间，心就会顿时变得比雪夜更清冷……

当我早上醒来，打了个哈欠，伸伸懒腰，揉了揉惺忪的睡眼，看到的却是凌乱狼藉的卧室，就连面对新一天的激情都没有了……

当我请朋友来家里坐坐，却发现杂物扔得到处都是，连坐的地方都要临时收拾，窘迫得脸上一阵潮红……

当我搬家时，明明请好了搬家公司，站在冗杂的屋子里，却感觉眼前的一切，似乎都是可以丢弃的东西，此时就会后悔，想着，如果平时精简一下，或许连搬家公司都不需要找了。

这就是现代人家具过多，随意摆放毫无章法的弊端。家具的堆积往往造成眼界的狭隘和心灵的困顿，让我只着眼于这小小的一方屋子，而看不到屋子外面，看不到更为广阔的天地。

　　房间是我们每天休息和生活的地方，是心灵的港湾，如果陈设太多本不需要的无用之物，会让人感到疲倦和嘈杂，从而影响心灵的安静和平。精简家具，给心灵腾出一个舒适安宁的栖息之地；简化生活，从根本上改变自己的生活姿态。

　　我想起"股神"巴菲特，他是无可争议的炒股第一人，以他的财富和名声，很难想象他的办公室只有16平方米。然而，他正是在这个16平方米的房间里，指挥着自己旗下的所有公司。

　　一张书桌，一把座椅，一部电话，几份文件，墙上挂着父亲照片和董事会合影，还有几枚勋章，这就是"股神"的办公室。他认为，正是因为自己不受更多杂物侵扰，才能更好地专注于事业。

　　办公室代表工作，而家里代表生活。巴菲特的办公室是这样，家里更是如此。工作不过是生活的一部分，办公室尚且需要精简物件，家里就更需要精简家具，摆放出朴素大气之感。

　　或许可以这样说，越是坚定的人，越是胸有大志的人，家具陈设就越是简单整洁，丝毫不会有冗余的感觉。然而在巴菲特看来，他的生活绝非简单枯燥，而是精彩纷呈的。

　　家本应是心灵的栖息地，可现代人太容易被物质引诱，杂物常常占据大半空间，家也就成了拥挤喧闹的地方。只有眼前的东西变少，心里的东西才能变多。

尤其值得注意的是，极简主义最初的定义，就是一种装修设计风格。这也充分说明了精简家具，对极简生活的必要性。

想要精简家具，就要首先学会收纳，学会整理。精简家具，不仅仅是简单地丢弃，更是对家具的摆设进行有意地简化。在丢弃家具之前，我们不妨将它们简单分类：

完全没有必要摆放的是一类，需要整理收纳在一起的是另一类。前者直接丢弃，后者精简收纳。二者相互结合，才能达到精简的效果。日本有个极简主义者叫佐佐木典士，他家的陈设就十分简单。

佐佐木家的卧室，看不到床，只有一张桌子和一张椅子。榻榻米和被褥被一起放进了壁橱里，睡觉的时候只需拿出来一铺便可。这显然是整理收纳和舍弃合二为一的做法。

另外，冰箱和洗衣机并排放着，旁边还有杂物箱，这样可以节省空间，又整洁简约，使人一眼望去心旷神怡。而杂物箱里收纳有瑞士军刀、耳机、相机等各种小物件。

从佐佐木的做法可以看出，只有既丢弃那些本质上并不需要的家具，又能够将留下的家具整理起来，摆放整齐，才能真正精简家居，过简单的生活。

精简家具，让房屋明亮宽敞，让心灵纯净洁白……换一种姿态生活，让回到家的自己放下包袱，安静地休养生息……

物质生活变简单了，精神世界也就丰富了，放下了磕磕绊绊的琐屑，没有了丝丝缕缕的心事，人自然变得轻松起来，有更多的时间精力，饱食精神食粮，发现生活的真谛。

丢弃掉纯属多余的废物，安顿好五花八门的杂物，再不为找东西而发愁的你，从此大可酒至微醺，再祝东风杯莫停。

注重细节，让人生更有品质

现代人的生活与远古的穴居人类相较，必定是无比幸福的。现代人三餐温饱，有瓦遮头，手机、宽带、高科技带来的便利生活，堪有"上天比飞鸟，入海如蛟龙"的阵势，这可是古人们做梦都想实现的！

从唯物辩证角度来看，事物既有利好一面，也有利空一面。我们在享受物质生活极大丰富的同时，也极容易受到多余物质带给我们的负累。

这种负累，有些能看到，有些却是无形的，像是无形的毒药，通过看似纯净的水慢慢渗入我们的肌体，一点一滴地侵蚀着我们的生活……

生活就像一个囚笼，将人们困在里面，压得里面的人动弹不得。

只有打开囚笼，拿掉枷锁，才能释放身心，进而看到生活的明丽，享受精神的乐土。这正是极简主义的魅力所在。

从生活细节发现生活之美

只有精简日常用品，从满室满屋的杂物中挣脱出来之后；或者做到心无挂碍，从恼人的人际交往中解放出来之后；抑或能够随遇而安，从无尽的欲望追求中逃离出来之后，我们才能发现，那些一直被我们忽略了的、微小而自然的生活之美。

比如，每天早上一起床，就能看到窗明几净的卧室，简单整洁的摆设一览无余，不用再为寻找某一件杂物而翻箱倒柜。生活就像木莲花一般素白质朴，连心上也仿佛萦绕着阵阵清香，舒适安宁。

细节最是深入内心，从一日三餐这样的生活小事里，是最易探寻藏在灵魂深处的世外桃源的。每天穿梭于钢筋水泥建造的高楼大厦中，现代人自然很少有时间去整理自己的家居，培养自己的爱好，去想想哪些才是真正需要和喜欢的东西。

看清哪些才是真正喜欢和需要的，将生活变得简单，不用再为本质上多余的事情花费时间和精力，这样一来，就会感觉轻松了许多。

要找到自己的爱好，才能有观赏和享受生活的心灵境界，所以，极简主义不教我们安贫乐道，它教我们去伪存真。

这些年生活中各种细碎繁杂的细节，已经将我推到了理想的对立面，而极简主义仿佛一声惊雷，让本已蛰伏的那些爱好和理想，又蠢蠢欲动起来。

当我开始践行极简主义生活方式，将家里收拾得干净明了，起床后脑海里再也没有挥之不去的尔虞我诈、你来我往的时候，我不禁张开双臂深深呼吸，发自内心地微笑起来。

找到内心最真的喜恶与需求

找到最真的需求，就是要弄清楚自己需要什么，不需要什么。以极简主义生活理念作为指导，对于生活里的每一件物品，都问一句："这是不是我真正需要的？"

长久以往，就能找到自己最真实的需求，就能获得打开心灵世界的钥匙，让心灵不再忙碌，让身体不再过劳，用心去观察和体会那些生命中难能可贵的快乐。

将时间交给爱好，将精力交给梦想，不为世俗的吵吵闹闹所动，在浮世喧嚣中，撑一根长篙去寻旧梦，活得简单而舒适。

///

放下凡尘琐事，有一颗简单丰盈的内心，过舒适阳光的生活。

张弛有度，高雅的娱乐

　　践行极简主义的生活方式，并不是让人们杜绝所有的娱乐方式，它是希望人们可以按照一定的节奏，张弛有度地生活；雅俗共赏的娱乐方式都是可以的，只要是健康的生活就好。

　　国外很多人认为，"星期天"源自上帝的安排，所以人们每周工作六天，可以休息一天，再后来演变成每周工作五天，休息两天。后经科学家研究发现，人们的生理周期适合这种工作与休息的制度。人们需要适度的放松，适宜的休息，更适当的娱乐。

　　在这样一个全民娱乐的时代里，娱乐方式的多样性是前所未有的，然而糟糕的是，人们似乎都以那些俗不可耐的娱乐方式为追求，沉溺于声色犬马、纸醉金迷，导致世风日下，人们沉迷于物质享受，思想变得复杂，生活也因此变得复杂起来。

　　生活的节奏太过紧张，偶尔娱乐一下是无可厚非的。不过娱乐方式也有雅俗之分，要想让生活简单安定，体会生命本质的乐趣，选择的娱乐方式可雅可俗，也可以雅俗共赏，总之一个原则，能雅致一点的就尽量别让它充满俗气的味道。

　　很多明星平时拍戏的时候很忙，但闲下来的时候，也会有自己的娱乐方式，高雅的着实不少，"元气少女"陈意涵就是其中之一。

　　陈意涵给人的感觉，永远都是阳光活泼、积极向上的。她在拍戏之余，最热爱的就是旅游和健身，这也是她的高雅娱乐方式。旅游能使人眼界开阔，在湖光山色的陶冶之下，生出热情和希望。

　　而她的健身，也是一种放松的方式。通过跑步，在不同地方留下自己的足迹，只要生命尚未停息，奔跑就不会停止，这种一往无前的精神，正是她满身正能量的最好写照。

　　她高雅的娱乐方式，也为她赢得了很高的人气，对事业大有裨益。更重要的是，它还可以陶冶情操，洗涤心灵，让她放下凡尘琐事，有一颗简单丰盈的内心，过着舒适阳光的生活。

　　娱乐方式不仅会拉开人与人之间精神高度的距离，更会影响人们面对生活的态度。

除了陈意涵之外，娱乐圈还有一位让人印象深刻的女子，那就是刘若英。刘若英被誉为"唱歌的人中最会写书的，写书的人中最会唱歌的"。这个赞誉她是当得起的。

当年的那首《后来》，如今已经成了经典老歌，触动过多少人的心弦，又永远地留在了多少人的心里。她的书《我敢在你怀里孤独》出版后好评如潮，不少读者都深受感动。

刘若英的娱乐方式，就是看书。在不工作的时候，她就会找一个安静的场所，在午后阳光的斜照里，一个人细细地品味一本书，直到黄昏暗暗的光线洒进屋子，给屋内的一切都镀上一层复古的铜色，优雅而安宁。

正是这种高雅的娱乐方式，让她在馥郁书香的熏染下，出落得清新脱俗，自有一种与众不同的优雅，由内而外地散发出来。

不论是陈意涵的阳光向上，还是刘若英的清新脱俗，都是低俗的娱乐方式难以造就的。越是生活简单幸福的人，娱乐方式就越清新和高雅。

韩愈说："业精于勤，荒于嬉；行成于思，毁于随。"我们在选择娱乐方式之前，要认真想一想：这种娱乐方式，能带给我们什么？又会将我们带向何处？要成为一个极简主义者，是迟早要与低俗的物质享受分道扬镳的。

高雅的娱乐方式，既是对在尘世淤泥里打转的心灵的慰藉和补偿，也是我们保持极简生活的有效途径，它能让我们远离可能让我们颓靡的环境，进而使我们保持心灵的净透。

健康才是最大的资本

　　小漠是我的一个表弟，还在上大学的他最近天天嚷着要过诗和远方的理想生活。我看着他羸弱的样子，毫不留情地告诉他："你还是先把身体锻炼好吧，就你这身子骨，恐怕还没过上理想生活，就要散架了。"他大概也觉得自己确实锻炼太少，所以也没有反驳我。

　　现在的大学生，常常出现因为身体太差而生出各种疾病，酿成各种悲剧的新闻。记得我上大学的时候，就目睹过一个发生在自己身边的悲剧。那是我们隔壁班的同学，在寝室打游戏时突发脑溢血，虽然被及时发现，送到医院之后保住了一条命，但是却落了个半身不遂的结果。

　　医生诊断之后，告诉了家人病因。概括起来说，就是平时熬夜成习，生活作息十分不规律，又从来不锻炼，身体内部早已严重透支。医生十分痛惜地告诫大家，一定要常出去走走，多做锻炼，不要让类似的情况再发生了。

健康是最好的投资

确实，现在的大学生缺乏体育锻炼已经是一个普遍问题了，时间的自由让他们有了更多选择自己生活方式的机会，但大家似乎都不太重视健康问题，在锻炼身体上花的时间太少，甚至从来都不主动锻炼。这样很容易导致"出师未捷身先死"的人生遗憾啊。

其实不仅是大学生缺乏锻炼，整个社会都存在着这样的问题。像我们这样在职场中工作了十年的普通白领，很少会花时间去健身房，也鲜有坚持跑步的习惯。不管选择怎样的生活方式，身体健康都是必不可少的根本，过极简生活也同样需要加强锻炼，才能看见更美好的明天。

当年红透半边天的娱乐圈男神吴彦祖，一直是好男人的典范。结婚之后的他，渐渐淡出人们视线，做起了好丈夫和好父亲。他在远离娱乐圈的是非之后，全部心思都放在妻子和女儿身上，与家人共享天伦之乐，生活简单却不单调，平静又满足。

不管是忙还是闲，吴彦祖都会抽出时间健身，每周至少三次的健身房之行雷打不动，所以四十多岁的人了，却还像个小鲜肉一般，充满活力。他淡出娱乐圈，专心于家庭和家人，不为人情世故钩心斗角而烦忧，在丈夫与父亲的角色里乐以忘忧，颇得极简主义生活的真谛。但是这一切，都得有一个好身体来做支撑，所以他坚持锻炼，绝不拿健康不当事。

日本作家村上春树被称为"诺贝尔文学奖的陪跑王"。他几度有很大的机会摘下诺贝尔文学的桂冠，最后却总与它失之交臂。在广大读者的心中，他虽然没得到诺奖，却早已是"虽败犹荣"，只是年年陪跑的"魔咒"实在让人无奈。

而在现实生活中，村上春树也是一位忠实的跑步爱好者。众所周知，搞文学的人，常常是一坐一整天，长时间写稿子的职业要求也会给健康带来很大的威胁。村上春树为此很早就开始坚持跑步，到如今已经有三十余年。他的《当我谈跑步时，我谈些什么》一书，出版之后吸引了不少读者投入到跑步这项运动中来。

村上的生活简单朴素，写书和跑步是他目前日常生活的主要内容。他并不为得奖而写，只是为了心灵的自由自在和灵魂的升华而写。他同样是极简生活的忠实实践者，不为世俗纷扰折腰，沉浸在自己的写作天地里，做着自己喜欢的事，过着简单而幸福的生活。

但跑步是他一直不曾放弃的，因为只有身体允许，他才能充满激情地做更多自己喜欢的事，而不是颓靡地躺在冰冷的病床上。

我们这些整天忙碌奔波的现代人，往往将最重要的健康放在最不起眼的位置，这无疑是本末倒置。减少些应酬的时间，减少些玩手机看电脑的时间，减少些在穿衣打扮上纠结的时间，把这些时间用来锻炼身体，用来保证健康，才能有机会享受到极简生活带给你的种种欢乐和轻松。

不管是每周两三次的健身房锻炼，还是每天晚上的跑步锻炼，抑或是每周末的篮球、足球、乒乓球运动，都是保持身体健康的有效方式。

没有了健康，身体生了病，整天跑医院，出门带着药罐子，口袋里要记得常备阿司匹林，这样的生活，不仅不是极简的生活模式，反倒是痛苦的生活日常了。

人生在世，名利浮华，健康才是最大的资本。锻炼身体是为健康投资，也就是为自己的生命投资。这种投资越早开始就越能看出效果，莫要等到垂垂老矣的时候，才开始一边慨叹自己的身体一日不如一日，一边后悔年轻时没有好好锻炼。

不要假装很努力，结果不会陪你演戏

小茹曾是我的一名助理，她看起来很机灵，做事很勤奋，每天早出晚归，连午饭时间都还在办公室整理资料，她在办公室一待就是一天。同事们都羡慕我有个好助理，说她比我这个顶头上司还要忙。

然而，只有我知道，小茹所做的很多事情，并不是高效的，她整理了一下午资料，可是对于我所提出的资料内容，竟然答非所问。其实，她的努力，不过是一种表象。

她看起来很努力，然而实际上却心不在焉，她对着电脑搜一上午资料，但最终一无所获，所以她虽然花了很多时间在工作中，但她似乎并没有带上她的灵魂。

小茹这种"看上去很努力"的态度，使她的工作生涯留下了不可弥补的缺憾，她这既是对自己生活的不负责任，也是对自己的欺骗，只会让生活变得更加复杂和劳累。最终，她辞职了，直到辞职她仍然搞不懂，为什么自己明明很努力，却并没有得到重用。

说到底，看起来很努力的人，不一定是真正努力了的人，因为他们不愿意用让自己难受的方式去努力。

这种表面上的努力，就像是温室里的花朵，中看不中用，而且会给我们的生活带来困扰。看起来很努力的人，往往会为了迎合他人的赞美而被动地装作一副努力的样子，其实只不过是在自欺欺人罢了。

在工作中一旦有了这种思想，就会停滞不前，浪费时间，既不能实质性地提高自己的能力，又不能专心做自己喜欢的事情，实在是贻害无穷。

你每天都是最早到公司的那一个。可到公司之后，你并没有拿出工作资料认真研读，也没有对自己昨天的工作进行总结，而是东翻西看，心不在焉地坐在办公桌前等着大家前来称赞你的勤奋……

你每天晚上都要加班到深夜，但工作仍然没能完成得更好。因为加班的时候，你一边忙着工作一边玩着手机，漫不经心地想着今天要完成的任务，却控制不住地刷起了微博。

你每次开会都会准时到场，对于别人的经验之谈，表现出浓厚的兴趣，一动不动地听着，甚至偶尔做一下笔记，看起来一副全神贯注的样子。可事实上这些话你并没有听进去，转身就忘得一干二净，轮到你来做的时候，你仍是我行我素，丝毫没能从别人的经验中学到任何东西。

工作要想简单，就得摒弃一切形式上的努力，真正严格要求自己，把时间和精力用来提升实力，从本质上改变自己的工作效率。

很多东西都不是"看上去"的样子，真正实践下去才是动真格的，同样，极简主义也拒绝"看上去很努力"的人。

然而事实上，这些人并没有将努力落到实处，没有真正意义上为自己的理想生活付出心血，他们只不过是看上去很努力罢了。

用心做人，认真做好每一件小事，才能在复杂的环境中沉下心来。不管披星戴月、荷锄而归，还是采菊东篱、悠然南山，我们要用踏实认真的态度面对，不做"看上去很努力"的人。

为了减轻感情的负担，为了减轻生活的纷扰，为了让自己问心无愧，我们一定要以一颗赤子之心，守护着亲情的干净温暖。

///

做出最适合自己的选择

我的朋友小森，接触极简主义的生活理念以后，就被极简主义的魅力所吸引，为此，她看了不少相关的书，也读了许多极简主义的生活案例，然后开始尝试践行起来。然而几个月过去了，小森却并没有从极简主义中体会到生活的乐趣，反而因为不得要领，将生活过得更加鸡飞狗跳。

生活中，遇到与小森相似情形的人不少，若他们因为没有践行好，便否定极简主义，对极简主义是不公平的。应该说极简主义生活本是一种很好的生活方式，不要因为我们自己找不到方法，享受不到其中的乐趣，就彻底远离它。

初期践行极简主义，肯定与其本质存在差距，小森的问题是心里杂念太多，欲速则不达。极简主义是一种生活乐趣，可以当成享受，而不是工作任务，这样践行的人们才会过得越来越开心。

　　我不禁感慨，如果连自己和极简主义的距离都弄不清楚，那要过极简生活，不就像是盲人摸象一样，不得全貌吗？

　　小森与极简主义之间的距离，主要在于心灵上没有转变过来，那我们和极简主义的距离，又在哪里呢？这个距离，一般都是最初接触极简生活的人十分头疼的事情，因为他们往往把握不好。

　　生活方式的改变，既需要有理论高度上的思想指导，又得在实际情况下积累经验，通过实践和尝试来找到好的办法。要过极简主义生活，就得清楚自己和极简生活的距离，再结合自己当下的生活，努力让横亘其间的鸿沟慢慢缩小，直至消失。

你与极简主义的距离在哪里

　　我们难以得到生活的极简，概括地说来，大致有以下几个原因：第一，将极简生活当作一种不得不做的任务，从而造成畏惧心理，阻隔了你和极简主义的"亲密接触"。

　　就像小森一样，本来心里杂念就多，还将极简主义放在与它们同等的位置上，等于给自己增加负担，自然从心里抵触极简主义，也就无法成功。

第二，瞻前顾后、犹豫不决。这会让你常常处于自我怀疑和自我否定之中，不能全身心地投入极简主义生活的实践中，也就跨越不过那条鸿沟。

很多人在面对极简主义时，都会采取一种观望态度，要么就是一边过着极简主义生活，一边又担心这样会不会是错误的。日本人比中国人接受极简主义更快、更好的原因之一，就是他们绝不犹豫，该扔就扔该放就放，而中国人自古为人处世瞻前顾后，往往在犹豫中与极简主义的距离越来越远。

第三，盲目跟从，不考虑自己的实际情况。不同的人有不同的生活方式，既然起点不同，那么方法也就不尽相同。盲目跟从，只会多走弯路，走向错误的方向。

如何靠近极简生活

首先，将理论和自己的情况结合起来，不要一味地跟着别人的步伐，要想到自己的问题和别人不一样，别人的生活极简不一定适合自己。

再者，认清自己和极简主义的差距，才能更好地制定策略，在一开始就沿着正确的道路前进，避免曲折迂回，浪费时间，浪费精力。

小森虽然遇到挫折，但好在她只是找我抱怨，只是抱怨方法为什么不对，并没有怀疑极简主义本身。而有的人就不同了，因为自己没能看清差距，导致走向了错误的道路，就认为极简主义生活方式是不切实际的生活方式，失去了对它的信任和信心，不愿再去尝试。更有甚者，从此之后就诋毁极简主义，当起了物质主义的帮凶。

所以，一定要知道自己和极简主义生活的差距在哪里，然后因势利导，做出最适合自己的选择，避免重蹈小森和诋毁极简主义者们的覆辙。

以一颗赤子之心，守护着亲情的温暖

我的邻居是一对老夫妻，为人和善，乐于助人，但儿子女儿们却没有继承他们的优点，并反其道而行之，冷漠自私，不近人情，做出的事情常常令人不齿。

老人年轻时努力打拼，将膝下一双儿女抚养成人，如今儿女各自成家立业，却嫌弃起父母来。前段时间父亲生病，母亲腿脚不利索，做儿女的本应该前来照顾，他们却推三阻四，敷衍搪塞。

"羊有跪乳之恩，鸦有反哺之义。"连动物尚且懂得回报父母恩情，作为万物之灵的人类，又有什么理由拒绝照顾年迈的父母呢？亲情本是比一切物质财富都要珍贵的感情，然而老人的子女却为了享受物质生活，放弃无价的亲情，对生病的父母不管不顾，实在有违人伦道德。

女儿说儿子大一些，当年老夫妻在他的身上花费的时间精力多一些，所以应该让儿子去照顾。儿子说过去什么事都是自己操办，女儿从不过问，现如今就是轮也该轮到女儿管了。面对这样的互相推诿，夫妇二人心头的痛远胜于病痛的折磨。

极简生活，亲情长存

家是心灵永远的港湾，而亲人是我们永远的后盾。亲情是这世界上最难以割舍的感情纽带，它牵着东，连着西，一旦断了，人们就像得了失心疯，金银财宝，美女香车，天下霸权，都无法弥补亲情的缺失错位。

所以，就算极简主义什么都能极简，唯有亲情不能极简。亲情本应是温暖无私的，可如今这个社会物欲横流，人心不古，越来越多的人用金钱去衡量亲情，用一己私欲去污染亲情，把亲情当作自己追求利益的工具。

几许忧愁几许风霜，岁月只顾自流长。在漫长的一生中，名利财富都是过眼云烟，转瞬成空。真正能够证明自己存在于这个世界的价值的，是你对于他人的不可替代性。而与家人的亲情，无疑正是一种不可替代的感情。

对亲情的漠然，让两人不停地互相指责，互相推卸，生活因此乱作一团。就这样你来我往，两人既没心思工作，也没时间享受生活，问题还没能解决。

家庭是我们日常生活的中心，所以对待亲情的态度，会直接决定我们的生活是简单还是复杂，是和乐还是纷扰。只有用真心呵护亲情，用感恩的态度，对待自己的家人，相互理解相互宽容，才能让亲情恢复最原始的面貌，让感情生活简单而温暖。

亲情越厚重，人生越丰盈

记得在一期普法节目中，有一个让人心生感动的亲情故事，对我影响颇深，所以至今记忆犹新。

有一对夫妻，生前有五个儿女，除了老四是个女儿以外，其他四个都是儿子。老人去世后，他们生前所拥有的一套公租房要拆迁。拆迁方给出的方案是两套补偿房，一大一小，至于怎么分配，由五人自行商议。

本来这是一个颇为棘手的问题。因为在利益面前，很多人都会将亲情抛于脑后，相互之间钩心斗角，你争我抢，导致亲人反目。但是，这兄妹五人却没有唯利是图，而是相互理解，让事情圆满解决。

老二和老五自觉在父母生前受到的照顾最多，而现在两人也都生活稳定，有了自己的房子，于是决定主动放弃这两套赔偿房。同时，老大和老三考虑到，老四一个女性，独自住一套房要方便一些，于是决定把小的那套留给老四，大的这套两人共享。这样一来，本来难以解决的问题就在五人的相互理解下，不复存在了。

如果每个人都将利益加于亲情之上，从自己的私欲出发，那么亲情就会成为物质世界的附属品，成为满足欲望的工具。失去了纯粹性的亲情，就会被罪恶和黑暗所污染，变得沉重复杂。

"树欲静而风不止，子欲养而亲不待。"只有用真心呵护亲情，才能在感情的世界里问心无愧，活得坦坦荡荡。

"人这一辈子，有许多困扰是无法解决的，比方说生老病死，比方说众叛亲离，比方说钩心斗角，比方说不再相爱。所有的这一切，都比房子啊、钞票啊要严重得多。一个人可以背金钱的债，却不能背感情的债。背金钱的债你有还清的希望，而背了感情的债也许到死都会愧疚。"

所以，为了减轻感情的负担，为了减轻生活的纷扰，为了让自己问心无愧，我们一定要以一颗赤子之心，守护着亲情的干净温暖。极简主义什么都能极简，唯有亲情不能极简。亲情越厚重，人生越丰盈！

简单自然的爱情，是人生最美的风景

薛紫最近似乎和某男士走得很近，颇有发展恋爱的迹象。最开始的爱情总是甜蜜的，她每天上班都面带笑容，心旷神怡，好心情就像周围的空气一样，取之不尽用之不竭。

爱情的甜蜜不消多言，它让人心生欢喜充满活力。不论是杨绛与钱钟书夫妻俩几十年如一日的相濡以沫，还是霍建华和林心如十年相伴终成眷属的深情，都让我们心动，也让我们感动。

爱情积极的一面，是千百年来人们热情歌颂的永恒主题。而爱情消极的一面，大都是在人们沉迷其中无法自拔时，才会去在意的。

随着感情的发展，她在这段爱情里越陷越深，渐渐失去了理智，失去了独立的人格，让感情影响了生活的质量。她每天都在担心，担心男朋友会突然离开她，只要他一分钟不回消息，她就会打电话过去。电话不接就一直打，直到他接为止。

而一旦发生一点点可疑的小事，她就如临大敌，对工作不闻不问，对他人也漠不关心，一心沉浸在自己的幻想之中。这样的状态导致了很严重的后果。

首先，越是沉迷，就越是难以称心如意。薛紫的男朋友开始还能忍受，可时间一久，争吵就一日多过一日，感情岌岌可危。

其次，因为对爱情太过沉溺，她无心工作，任务的完成质量堪忧，老板对她颇有些不满。只是老板考虑到她毕竟年轻，一时被爱情冲昏了头脑，可以理解，所以并没有太过责难。

但长此以往，对她的事业来说，必然会有毁灭性的打击。

再者，因为整日的苦闷和忧心，她的身体状态每况愈下，脸色一天比一天差。生活中的种种事情，也因为对爱情的沉迷而无心打理。薛紫的生活从那时起，变得越来越混乱，渐渐如同台风过境之后的海岸线一般，一片狼藉。

爱情虽然是甜蜜的，但太过沉溺的话，就会让我们失去清醒的头脑，失去平和的内心世界，极易做爱情盲目的追随者。那样的话，就不仅会对爱情双方都造成严重的干扰，而且让自己永远难以从感情的桎梏中解脱。

沉迷爱情，就会给自己带来过重的心理负担，让自己迷失在感情的重重迷雾里，看不到外面的世界，找不到来时的路和前进的路。

在爱情面前，越是沉迷就越是复杂。而感情一旦复杂，就如同两条丝线相互缠绕织起的一张巨网，千丝万缕间，打着数也数不清的结，再难解开。

不要误会，极简主义的生活方式可不是完全戒荤禁欲的，践行极简主义与恋爱结婚并不发生冲突，若夫妻都是热衷极简主义的，还有可能组成一个更容易践行极简主义生活方式的"极简主义家庭"。

不过话又说回来，婚姻是幸福的，爱情是美丽的，但过程却充满了酸甜苦辣各种滋味，人生百味，莫过于青春期的热恋了。

"醉过方知酒浓，爱过方知情重。"古往今来，多少人都醉倒在爱情的魅力之下，它常常让我们沉迷其中无法自拔，但我们仍然义无反顾地投身爱情。这恰如含笑饮砒霜，永生难忘。

陈小春和应采儿的爱情，平淡而又幸福，一直是人们羡慕赞赏的对象。两人从认识到结婚，经过了四五年的时间。在这段时光里，他们既有各自的事业，又为了对方而努力将自己变得更好，深情而不溺情，就是最好的感情。

陈小春的脾气很暴，因此有很多负面新闻。和应采儿在一起之后，他渐渐改掉了这些坏脾气，安安分分做起了本职工作，为了和应采儿结婚而努力挣钱，同时改变自己的形象，让应采儿的父母能够放心。

婚后的生活是平淡的，却也是幸福的。因为他们两人相互理解，相互信任，相互依赖。对于爱情，他们向来都是以理智的眼光看待，各自保持着自己独立的人格，给予对方十足的信任和自由。所以既享受到了爱情的甜蜜，又避免了沉迷爱情的悲剧。

当年在演唱会上，陈小春全场面无表情，却在看到应采儿后情不自禁地露出了微笑。正是这一笑，让人们看到了平淡的爱情故事里，两人白头偕老矢志不渝的幸福和从容。没有热烈的追求，没有痴绝的沉溺，有的只是平凡简单却又长久安心的陪伴。

简单自然的爱情，是人生旅途中一道明媚的风景，也是生活惬意舒适的保障。只有用顺其自然的态度来面对爱情，才能在平淡中体会幸福，在理智中追求长久，拥有极简生活。

///

　　将生活空间留给爱好，将心灵世界留给美德，控制购物欲，做生活的主人，而不做物质的奴隶，我们就不会成为"剁手党"中的一员了。

这将会成为你冲破牢笼的开始，指引着你消弭购物欲，戒掉过度购物的瘾。让我们离极简主义的生活更近一些吧。

///

极简主义的生活方式，是倡导人们只留必需品，舍弃不需要的东西，依此看来，「剁手党」迫切需要极简主义来拯救，他们是首批需要践行极简主义的人。

物质极简，
追求更高的生活品质

Chapter4

远离"剁手党"，做生活的主人

"剁手党"是一个网络流行词语，专指那些控制不住购买欲望者，花了大量的金钱之后，又极为后悔，甚至想将双手剁掉。当然并不是把手真的剁下来，只是夸张地形容买完东西花光钱以后人们的悔恨心态。

前几年，瑾萱只要一约我喝下午茶，肯定想和我一起逛街。两个人在商场里边兴奋地聊天，边摸摸这件大衣，拽拽那双皮靴，一个商场逛完接着下一个商场地逛，乐此不疲。

我和她心里都很清楚，我们完全不缺这些商品，却还是要一如既往地买回去。当我回到家里，看着大包小包的东西时才发觉，原来购物这件事情，竟仿佛已不受控，成了一种病态的依赖。

不论是在他人的怂恿撺掇下购买，还是在自己欲望虚荣的作祟下购买，抑或是真正需要而去购买，这过度购买的病根，都已经深深植入到我们的日常生活，难以拔除。

在经济尚不发达的年代，添置物品，对一个家庭来说可是大事，是需要经过反复思考，权衡利弊之后才能下定决心的。而现在有钱了，不缺钱了，也就不必再勒紧裤腰带过日子了，渐渐开始关注人的自我享受，渐渐把购物看作是一件理所应当的事情，是实现自我价值的事情。

所以，在我们的生活中，常常出现这样的情况：

明明衣服多得塞满了衣柜，却还是在工作之余、休息的间隙里，拿出手机漫无目的地打开淘宝，逛着逛着就选起了衣服，然后顺手就付钱结账，买了其实并不必要的衣服……

到了换季的时候，本打算只买一双鞋子的你，却因为贪图打折的便宜，买了两双甚至三双。而刚刚穿了一年的旧鞋子，又将被"打入冷宫"……

身边的同事一个接一个地换了新手机，你便有些坐不住了，尽管你的手机刚刚用了五六个月而已。经过一番并不艰难的心理挣扎，你说服了自己，心安理得地也丢掉只用了五六个月的"旧"手机，买了新手机……

诸如此类的购买行为，实在是不胜枚举。这种现象的形成，是多方面因素共同作用的结果。然而，科技发展带来的购物的便捷，盲目地跟风从众使得购买成为人们的一种习惯，而非真正需要，"剁手党"由此产生。

正常来说，人们紧迫而必要的物质需求，属于刚需，所以我们在新闻里常能听到"刚需房"一词，刚需的消费，因为解决了人们的急需问题，通常花完了钱也不会让人产生悔恨心理，只有那些购买了不是必须购买的商品的人，才会在事后悔恨不已。

购物本身并没有错，错的是过分购物。因为一旦购买过多，就会造成物质的囤积和浪费，占用更多的私人空间，花费我们更多的精力去打理。于是就加重了心灵负担和身体负担，自然就会感觉生活是十分枯燥和劳累的。

过分购买不仅会增加我们的经济负担，更会使我们的生活变得庸俗繁杂，没有自己的私人空间，无法享受到心灵的平和。当过分购买已经成为一种全民习惯时，那这个社会的浮躁和奢靡，就将压过质朴和简约，成为生活的主流。

舍弃虽然重要，但毕竟是亡羊补牢式的措施，只有控制住购物欲，少一些过度购买的情况，才是更为根本的解决办法。没有购买，就不用舍弃；控制好购物的程度，就能省去整理取舍的麻烦。

坏习惯并不可怕，可怕的是有坏习惯而不自知，是明明有错却不承认，是心里清楚却还要自欺欺人。所以我们要正视过度购买的坏习惯，想方设法改正它，通过一系列的努力摆脱它。

将生活空间留给爱好，将心灵世界留给美德，控制购物欲，做生活的主人，而不做物质的奴隶，我们就不会成为"剁手党"中的一员了。

把财产集中，让理财变得简单

朋友若飞是个大方的人，他最喜欢热闹，经常张罗聚会，也经常抢着埋单。不过在一次餐后结账时，却非常尴尬。那天是周末，若飞喊我们晚上一起吃个饭，因为都比较熟，也就不讲什么客套话。席间，自然免不了喝酒，觥筹交错，推杯换盏，个个喝得有些醉意。

吃完饭之后，他又抢着去结账，大家拗不过他就随他去了，可是他好久都没回来，待我们去吧台时，才知道他整个的结账过程。他前前后后拿出六张卡，才算结完了账，前五张卡里都是余额不足。原来若飞的卡太多了，经常连自己也不知道究竟哪张卡里有多少钱，只好出门就把卡全都带上。

大家揶揄他之余，也不禁深深体会到，财产太过分散，确实是一件复杂又不值得的事。像若飞一样财产不集中，就会分不清究竟哪张卡有多少钱，不仅对日常生活造成困扰，也不利于我们追求物质的极简，追求心灵的纯净。

现在科技的发展日新月异，给我们生活的方方面面都带来了极大的改变，钱财的储存和使用方式，也是其中之一。

因为环保方便又安全，网上支付现在越来越受到人们的推崇，现金的使用量越来越少。人们出门不用再带大量现金，更多的是用理财储蓄软件和银行卡等。但这也带来了一个问题，就是不正确的理财方式会给生活带来困扰，增加生活的复杂度。

现如今我们有着各种各样的卡，财产实际上极其分散，这既不利于管理，又会不时地让我们陷入尴尬的境地。而把财产集中起来，就可以少费很多心思去打理，既简单又实用。

财产分散还有一个害处，就是会让我们在潜意识里认为自己的钱还剩很多，进而不自觉地生出购物欲望，掉进奢靡的物质享受中。

财产集中，是高效理财的一个重要手段。而高效理财，就是极简生活的内在要求了。通过集中财产这样的方式，节省了花费在理财上的时间，就争取到更多的自由时间。有了自由，也就有了极简生活的基本条件。

通过这样的方式，我们可以减少花费在钱财打理上的时间和精力，也对财产的安全性更加放心，不必整天提心吊胆。

运用分类手法来集中财产

梦媛的财产就十分集中。她把自己的钱财划分为三类，第一类是大数目的资金，积年累月攒下来的钱，用来做一些家庭的大额支出，这一部分是不常用的，她把它们存在一张卡里收在家中。

第二类是小额财产，用于日常消费和外出，这一部分她又存在一张卡里，随身携带着，既方便又省心，还能避免出现像若飞那种尴尬的局面。

其他的财产归为第三类，包括用于特定项目的资金、用于与他人钱财往来的资金、不常用的信用卡等。这一部分在需要用到的时候她才会随身携带，其他时候都不会带在身上。

这样一来，她的财产情况就十分明朗了。不管是外出还是办事，她都可以迅速而准确地知道自己要带哪些银行卡。需要消费的时候，也从不需要犹豫该用哪张卡，一切都显得井井有条，纹丝不乱。

　　把财产集中起来之后，理财变得简单却滴水不漏，梦媛也因此不需在理财上花费过多时间。在我们为理财焦头烂额、绞尽脑汁的时候，她正"偷得浮生半日闲"，享受着自己内心深处真正喜爱的事物带来的快乐。

　　理财是与我们普通人的生活息息相关的事，所以极简生活需要正确的理财方法，而集中财产，就是正确理财的第一步。

　　财产集中起来，也就把心思和精力集中了起来，节省了不必要的时间，为生活的简单安定做出了贡献。从现在开始，先为自己的资金收入做一个简单的分类，然后根据这个分类，将财产集中，注销掉不需要使用的银行卡，只留下够用的几张就好。

写下购物清单，戒掉过度购物的瘾

我有个朋友叫柳依娜，我们都习惯叫她娜娜。娜娜以前是一个购物狂，基本上每天都要上一些购物网站，隔三岔五就会买点东西。过度购买就像毒瘾一样，紧紧跟在她的身旁。以至于同事们见到她的时候，打招呼的方式都是"今天又买什么新东西了"。

但是她在我的引导下，决心改掉过度购买的坏毛病。坚持了几个月之后，还真的大有不同。同事都很好奇，追问之下才知道，娜娜的主要方法就是列清单，不仅列在纸上，更列在心里。

娜娜首先在心里，将自己需要的物质分成三类：第一类是必须有的，对自己来说必不可少的；第二类是可有可无偶尔需要的；第三类是完全不需要，买了基本属于浪费的。

如此一来，每次娜娜想要买东西的时候，就会对照着自己列下的清单，找准所要购买物品的定位。如果属于第一类，就毫不犹豫地购买；如果属于第二类，就细细考量，看值不值得购买；如果属于第三类，则直接抛弃，断绝这个念头。

通过这样的分类和筛选，娜娜不仅减少了购物支出，而且渐渐明白，自己真正需要的是什么，对自己的爱好和需求有了十分清楚的认识。

从此以后，娜娜再也没有为过度购买而发愁，因为她已经在心里，形成了一张需求等级表，从根本上控制了购物的欲望。

极简主义的生活方式，可以拯救"剁手党"，但不意味着就不能去买东西，需要就得买，人们总不能光着屁股还能大大方方地谈极简主义吧，饿着肚子也没有力气践行极简主义。该买的东西还是得买，只要记住别过度购买即可。

如何避免过度购买呢？

在购买前，列张购买清单，让我们清清楚楚地预算，明明白白地消费。同样，要想过极简主义生活，拥有简单美好的生活环境，心里就得时时刻刻有张清单，清楚地知道自己需要的是什么。

　　这是一个快节奏的时代，讲究的是即时消费。我们往往在不经意间就成了过度购买人群中的一员。没有计划、全凭心情、太过随意……这些都是购物狂的基本特征。很多时候，如果我们能够事先盘算一下，做到心里有数，就不会发生购物泛滥的情况。然而要做到这一点却并不简单。

　　叔本华曾经说过："世界上的每一朵玫瑰花都是有刺的，如果因为怕扎手，就此舍之，那么你永远也得不到玫瑰的芬芳。"列清单来控制购买欲，也是同样的道理。

　　不怕失败，就怕不敢尝试。只要你开始尝试，就总会找到正确的方法，如果坐以待毙，守株待兔，永远都不会到达成功的彼岸。

　　在列心里的清单时，我们不妨先根据自己平时的习惯，凭直觉大致分门别类，先构建出一个框架。然后在具体实施的过程中，有意识地加以验证和修改，查漏补缺，在一点一滴的积累中完善清单。

　　控制购物欲，是一场旷日持久的战争。在心里列出清单，就是这场战争的号角，它标志着我们向购物欲望正式发起反攻，为了属于我们的自由幸福生活而战。

　　我们购物往往没有计划，没有清单，于是也就不会节制。购物

前可以这样做:

首先,在你购买东西之前,凭第一感觉写下想要买的东西,然后根据舍弃的原则,仔细斟酌,看这些东西是否都是你一定需要的,可不可以舍弃。这样一来,就可以大大减少那些不必要的购物,提高生活质量。

其次,纸上的清单只是一种形式,更重要的还是心里的清单。所谓心里的清单,就是在平时的工作生活中,以极简主义生活理念,对自己的物质需求,有一个简单的规划了解,从宏观上把控购物欲望。心里时时装着清单,就能有所节制,减少冲动购物,慢慢改掉过度购买的习惯。

再次,在心里列清单,需要对购买对象进行分类。像以前的娜娜一样,沉迷于购物无法自拔的人还有很多。或许有些人已经意识到自己的问题,想要摆脱这个坏习惯,却不知道如何下手。

所以,不要再犹豫了,现在就拿起手边的笔,在纸上写下自己的购物清单吧。这将会成为你冲破牢笼的开始,指引着你消弭购物欲,戒掉过度购物的瘾。让我们离极简主义的生活更近一些吧。

回归本真，过舒适幸福的生活

极简主义生活方式倡导的简单中，也包含了理财方面。何为理财？就是为了摆脱钱财整理的困扰，拥有更有格调更高品质的生活，提升自己的幸福感。

如果我们因为纠结于理财方式的选择，而让理财成为压力，那不仅会让自己身心俱疲，也会浪费很多不必要的时间，得不偿失。

现在市场上的理财产品丰富多样，选择哪一款，如何取舍成了很多人面临的一大难题。但可以确定的是，我们的初衷是通过理财软件或者是理财产品让理财变得轻松简单，使身心不为其所累。

不过，很多人却因为迟迟找不到称心如意的个人理财软件，或者因为金融公司的理财产品风险太大，而迟迟不敢动手，左右为难，不知如何是好。显然与我们的初衷是背道而驰的。

很长一段时间我也陷入了这种困局中。十年来的职场打拼，已经给了我挣钱的能力，却没教会我怎样花钱。辛苦挣到的钱，都因为没有规划地买买买浪费掉，还给自己制造了一堆无法丢弃的垃圾。

为此，我在钱财整理上耗费了大量的精力，但每月的收支状况依旧模糊，我决定借个人理财软件来简化生活，也会到金融公司尝试一些优质的理财产品。

市场上的个人理财软件五花八门，所以那些有口碑的，自然成了我的不二选择。但还没用多久，就被身边从事金融行业的朋友"嫌弃"起来，继而换用他们"专业人士"所推荐的。

相信很多人跟我一样，不管是朋友介绍还是无意中看到的广告，总之，只要是自己从前没用过的个人理财软件，就概不拒绝，恨不得一个一个去尝试。

我们总想找到最好用的，但结果却是，摆在自己面前的东西应接不暇，让人眼花缭乱，不知如何取舍。在繁多的个人理财软件中，我一个一个尝试。每当我发现一个新的时，都会兴奋不已，但用不了几天，就会被更新的替代。

　　我甚至记录过我所有用过的个人理财软件，把它们的优劣列成图表放在一起分析对比，可找来找去，总也找不到自己十分满意的，反而弄得灰头土脸，心烦意乱。为了摆脱这种糟糕的状态，我做了许多尝试，但丝毫没能改变什么，一怒之下，我决定不再使用。

　　很显然，我是从被纷繁的个人理财软件迷住双眼，到最后将所有的都拒之门外了，这两种做法当然都是不可取的。直到后来，身边一位朋友建议我，为什么不选择适合自己的一款坚持使用呢？我才听从了这位朋友的建议，选择了其中一款长期用了下去。

　　没想到，时间一久，我就很自然地接受了它的种种不足，并且习惯了它的使用方法。所以，不再为理财浪费时间的我，有了更多时间去做更有意义的事情：做瑜伽、学外语、阅读、练习插花……

　　当我们在大量的个人理财软件中徘徊不定、犹豫不决时，其实就已经陷入了复杂理财的旋涡中。千万不要盲目地为了追求利益，将自己的生活变成逐利的钟摆。

　　既然选择个人理财软件本身图的就是自在开心，那又何必在选择哪一款上纠结呢？这无异于抱薪救火，只会让身心反受其害。不过，金融公司的理财产品还是慎重购买为妙。

我们稍不留神，就有可能陷入某些非法平台的圈套，就如互联网诈骗一样，花样层出不穷，犯罪手段的科技含量越来越高，就连破案的难度系数都增大了。所以，我们选购金融公司的理财产品时要做好详细规划。

可能你又会问，我们要践行极简主义，为了一份理财产品，我们大费周章，是否属于背道而驰？不！因为任何时候，做风险大的行动选择时，我们都需要谨慎小心，这也是为了我们日后省心而行之的。

当然，如果嫌麻烦，也可以不选择购买理财产品。它作为一种日常收入以外的额外投资，应该不算生活必需品，不知道如何选，不会选，不感兴趣，担心风险大，不想麻烦算计，任何一条都可以成为你放弃的理由。

我们的时间精力往往是有限的，无意义的徘徊就像啮齿动物，它会渐渐啃噬你的灵魂，直至你身心俱疲，奄奄一息。

很多美好往往都是简单而真实的，像一场华美的日落，动听的音乐会，扣人心弦的电影情节……你要明确什么对自己最重要，控制徒增烦恼的精神活动，才能获得最大的精神自由。

在生活上，人们希望得到更多的享受，看看花开花落，赏赏云卷云舒，听听虫鸣鸟叫，品品茶水书香……而理财是生活的一部分，做到简约极致，就能让心中少些牵挂，回归本真，过一种舒适幸福的生活。

///

在生活上，人们希望得到更多的享受，看看花开花落，赏赏云卷云舒，听听虫鸣鸟叫，品品茶水书香……

///

很多美好往往都是简单而真实的，像一场华美的日落，动听的音乐会，扣
人心弦的电影情节

经常算账，让生活有条不紊

说个和我从小一起玩到大的朋友的表哥，遭遇的一次财务危机经历吧。朋友的表哥叫翰昱，我自然也叫他表哥，通常我们喊他翰昱哥。

几年前翰昱哥和朋友一起创业，做了个小本生意，期望通过努力实现梦想，过上自己想要的生活。当今这个社会，创业已经不是一件新鲜事，特别是合伙创业。但很多合伙人最终都因为分账不均的问题而分道扬镳。

众所周知，合伙生意难做，市场、运营、售后、服务各个环节不说，单说账务管理，就要经过记账、算账、拆账，才能拿到属于自己的那份利润。对此不闻不问，不管不顾，如果遇到好的合作伙伴倒也乐得清闲，若是遇人不淑，定不会有特别如愿的结果。

　　翰昱哥他们做的小本生意自然不会请专职会计，只请了会计事务所定期来打理。日常财务管理都需他们亲自动手，幸好翰昱哥不是个冒失的人，他对于生意上的每一笔收入和支出都会核算好。

　　经过几年的磨炼，他养成了每天睡前算账的好习惯。自己的钱财来源和去处，存款余额和信用额度，他都心里有数。有一次他们遇到财务大危机，合伙人一下子慌了手脚，不知道问题出在哪里，更不知道该如何解决，甚至开始怀疑翰昱哥从中作梗，跟翰昱哥差点闹翻。翰昱哥将账册拿出来，一切资金情况笔笔清晰，来有源去有终，他的合伙人才意识到误会了翰昱哥，两人终于查到问题根源，是资金链断裂所致，他们很快将危机化解，处理过程也并不复杂。

　　翰昱哥的从容不迫，与他合伙人的手足无措，形成了鲜明的对比。而产生这种截然不同态度的原因，就是平时一个是经常算账，心中有数；一个是任其自然，不闻不问。

理财是防患于未然

　　兢兢业业按时领薪的普通白领，惨淡经营四处奔波的创业者，运筹帷幄决胜千里的人生赢家……生而为人，谁都有可能遭遇意外跌落低谷，只有经常算账，做到心中有数，才能防患于未然。

记得我研究生快毕业那阵子，找到一个实习的工作，在外面租房子住，曾经有一个室友罗珊，她工作有好几年了，每月按时拿着固定的工资，却总是在理财这件事上拖拖拉拉，从来没有算账的习惯，对自己的资金往来一向不甚在意，所以经常被钱财问题所困扰。

有一次她生了一场大病，付医疗费用的时候她才惊讶地发现，自己这些年来究竟有多少存款都不知道。对钱财的多少从不关心，自然心里没有一点底，就连生病了也不知道自己的存款余额能够用多久。

罗珊的问题就在于从不算账，不知道自己的实际情况，于理财一事是随波逐流，没有自己的规划。这样造成的后果就是，在理财问题上，自己的逻辑混乱，毫无章法，一旦遇到突发状况，就会手忙脚乱，没有一丝一毫的把握渡过难关。生活也因此混乱不堪。

经常算账，不是为了让我们对金钱斤斤计较，而是为了做到心中有数，让自己有能力保证生活的有条不紊，不会因为不了解自己的资金状况而手足无措。

生活像一部华丽的乐谱，我们想要弹奏出自己喜欢的乐音，就得保证每一个音符，都能被顺利而准确地敲出。为此，我们就得在平时多多练习，随时掌握乐谱和琴弦的最新动态，做到有备无患。

极简主义的生活方式，教人们简言慎行，简约精致，却不是教人们糊里糊涂地过日子，购物也好，理财也罢，都是生活所需，不能不去做，所以极简主义也要明算账。

生活中，只有做好平时的积累工作，才能在面对意料之外的事情时，毫不畏怯，镇定自若。"凡事预则立，不预则废"说的就是这样一种道理。

经常算账，既是一种理财的方式，也是一种锻炼自己对生活有所规划的方法。通过这种方式，我们可以降低生活中为钱财问题而劳心的次数，做到简单理财，开心理财。

人生不可能一帆风顺，有赏心悦目的鲜花就会有狰狞可怕的荆棘，有徐徐吹来的海风就会有炙热难耐的烈日，有一望无垠的康庄大道，就会有重峦叠嶂的坎坷小路。

我们只有居安思危，在平时就做好准备工作，才能在困难来临时临危不惧，临危不乱，保证生活的简单和平静，一直有一颗平和的心。

　　经常算账，能使我们的日常生活有条不紊地进行，能使我们在命运无常的人生旅途上有备无患，给我们的极简生活以坚强的后盾，保证心灵的极简修行顺利进行，保证生活的极简历程顺利展开。

物尽其用，发挥每样东西的功效

有一种心理疾病叫"强迫性囤积症"，就是指人们在不停添置新东西的同时，无论如何不愿意丢掉旧东西，于是造成物质的堆积。

确实，不断购买却不丢弃就会造成这种物质的冗余，影响自己的正常生活。而解决方法有二：一是用科学正确的方法进行丢弃；二是控制自己的购买欲，减少购买。这两者中，显然后者更重要。

林斯雅在我们朋友圈里算是个另类，因为她很少添置新东西。身边人时不时换台手机，换套家具，换个新包，但是她却一直秉承着自己一贯的原则——东西还能用时，绝不换新。

大家都在买新手机时，她还在用旧手机；大家换了第二台新手机时，她还在用旧手机；一直到大家换第三台手机时，她才换掉旧手机。她就是在这种态度下，严格控制自己的购物行为，杜绝铺张浪费，将空间、时间和金钱，全都留给自己真正需要的东西。

跟林斯雅形成鲜明对比的，是朋友圈里那群无节制购买的人：手机刚用几个月就换新的，衣服好好的就不穿了，家具稍有损坏就全都不再用了，重新添置。这种行为造成了物质的浪费，更造成了注意力的分散，使生活平白无故变得复杂起来。

现在人人离不开手机，手机俨然成了生活的"必需品"，我们全都成了它的奴隶，为它投入时间、金钱、精力，可电子产品更新太快，手里的新机还没焐热，新版本新型号的就出来了。

于是我们的目标，又成了赚钱去买这个新版的。等买到了新的之后，过不了几天新的就又会成为旧版的，于是又想着去买更新的。就在这样的反反复复中，消磨尽质朴的本色，只留下庸俗的躯壳。

极简主义的生活方式，我们可以把它理解成一种空杯的状态，一只水杯，里面若装满了水，新鲜的水灌不进来了，时间一长，原有的旧水会因为不流动而易形成腐生菌，只有将旧水倒掉，时时空杯状态，新水才会涌进来。

极简主义的精髓意义中，正是要人们以这种空杯姿态生活。

俗话说，旧的不去，新的不来。正如生命真正的价值在于你如何度过一样，物质对你而言真正的价值，取决于你如何使用它。

一本享誉全球的世界名著，如果你放在书架上从来不读，那它对你来说就是一堆写着字的废纸而已。

一部价值好几万元的单反，如果你只是拿在手里摩挲把玩，那它对你来说和几百块的傻瓜相机也没什么区别。

一行复杂的代码，在程序员眼中，可能是奇思妙想的神来之笔，而在外行人的眼中，却是一串串没有价值的符号罢了。

只有物尽其用，才能充分发挥出每一样东西各自的功效，而与控制购物相结合的物尽其用，就是要做到"旧的不去，新的不来"。在旧物寿终正寝，无法再承担起它的责任之后，才购买新的来替代它。

拒绝浪费，从小事做起

有些时候，一些约定俗成的传统观念，可能会使人们失去辨别某种行为对错的能力，若是某人勇敢指出来，可能立即成为众矢之的。

或许，人们只是常常揣着明白装糊涂。因为面子问题、社交需要、不想得罪人等在作怪。然而，既然是作怪，就是不对的，应该抵制才会形成良好的社会风气。

不要以为良好的社会风气与自己无关，事实上它与每个人都息息相关，社会是由每一个自然人组成的，社会之好坏，取决于每一个人之好坏，也必将这好与坏如实地回馈于每一个人。

我记得有一次我们国际事务部开庆功宴，经理大手一挥，豪爽地说道："想吃什么你们随便点，我请。"同事们自然欢呼雀跃，于是点了一大桌子菜，还准备了不少酒水饮料，最后的结果是菜没怎么吃，酒水饮料倒喝得不少。

席间觥筹交错，推杯换盏之间，大家自然免不了对经理恭维几句，经理听得高兴，更是张罗着，让大家还想吃什么尽管再加就是了。

最后人去席散的时候，菜连一半都没吃完，很多盘子就动了那么几筷子，也没有谁说要打包，于是钱付了，饭菜酒店也自然转头就扔。这种现象在今天实在太普遍了。

其实现代人之所以存在着如此多的浪费行为，很重要的一点原因，就是我们并没发觉自己的浪费行为。再具体一点来说，就是对有些事情习以为常，丝毫没有觉得有珍惜的必要。渐渐地便不以之为浪费。

人们与这些浪费行为相处日久，不闻其恶，即不以为恶。况且，周围人都这样做，自己不这样做，反而显得格格不入。

所以，要在日常行为中，遵循"够用"和"一用到底"的原则，买东西时够用就好，扔东西前想想是否真的不能再用。

奢侈的浪费行为，是一种社会腐化的现象，它侵吞着我们向往极简主义的念想，蚕食着我们的主见，最终让我们"泯然众人矣"。

正如鲁迅先生所说："奢侈和淫靡只是一种社会腐化的现象，绝不是原因。"

就从随手关灯等力所能及的小事开始做起吧。接着，买衣服和食物本着够用就行的原则，不堆积不浪费，对生活中的各种物品物尽其用，待其寿终正寝之后再丢掉，可以有效地节约资源……

勤俭节约的方法还有很多，只要你有一颗拒绝浪费的心，就一定会过得越来越简单，越来越质朴，越来越真实。而勤俭节约，正是极简主义所推崇的一个重要内容。

///

而勤俭节约，正是极简主义所推崇的一个重要内容。

人生这场旅行，每个人都有自己的目的地，他人能做的，最多只是在你行进的路上点一盏灯，至于属于自己的目的地在哪里，还需要自己在不断探索中找到答案。

职场极简，不攀附，不将就

Chapter5

优秀的人，从来不会输在情绪上

某次，当我接到遥雪电话时，那正是一个大雪纷飞的天气里，我正在收拾自己的办公桌准备下班。一听到她那沮丧的声音，我就知道她一准儿又是来找我哭诉的。果不其然，她开门见山地约我晚上一起吃饭。

遥雪是我十几年的老友，我太了解她的个性——她喜欢倾诉，不管阴天下雨，不管大事小情，不管人家爱不爱听，想不想听，她都得找到一个人，听她倾诉，仿佛她不大吐苦水，就会憋出精神分裂症来。

对我来说，抽时间出来听她倾诉倒也不是什么难事，最困难的是我往往只能静静听她说完，再搜肠刮肚地找些最温婉的词语安慰她，因为我并不能深刻地理解她的情感体验。遥雪有时也会感觉到什么，别扭地问我是不是在敷衍她。

她是我多年好友，我怎么会想敷衍她？但我真心不能体会她的所有感受。相信她另外的一些朋友也会有跟我相同的困扰吧。情绪的过度宣泄，导致自己和周围人的生活受到影响，会给自己带来不必要的麻烦。

这一次遥雪和我见面的情形，与上一次的情形何等相似！她一坐下来开口就讲述起从上次见面以后，在她身上发生的各种伤心情绪。我依然是多听少说，像是社交套路，实则并无情绪共鸣。

事实上，我曾经无数次劝她要试着学会隐藏情绪，学会独立思考，学会处事原则，并给她拆分细解这些事情在生活中的利与弊。她每次都会认真点头，保证尝试着改，然而她每次都没能做到。时间一久，我不仅耐心快没有了，就连对自己是否有能力教会她的信心都快消失殆尽了。

我不是叛逃友情，也不是为自己辩解。

首先，所谓感同身受，多数是在限定的情况下出现，没有经历过相似场景的人，很难有当事人那么深刻的体会，我也很难做到。

另外，遥雪将情绪不停地呈现在他人面前，等于将所经历的痛苦重新扒出来再经历一次，生怕火候不够，甚至还想拿到太阳底下晒一晒，而我就像那一缕过路的风，能吹拂到她，却撩拨不了她。

我常常在想，我的存在对于她来说，难道只是一只好用的听筒，一个随叫随到的倾诉的对象吗？究竟还有没有更好一点的意义？

作为朋友，如果我们不能产生相同的情绪感受，又很难相互回应对方的情绪表达，那我们于对方而言，情绪价值都是极低的。那么，渐渐难找共同话题，最终友情疏离浅淡，将会是我们唯一的结果。

遥雪在情绪表达上所反映出来的问题，是太倾向于将喜怒哀乐寄望于他人身上，忽略了自我情绪调节的作用，只有自己内心世界足够强大，才不会把生活里所有的事情都当成伤春悲秋的事情。

极简生活，请让情绪变简约

人类的情绪，是个奇妙复杂的东西。正是因为可以产生各种复杂多变的情绪，才能最终清楚地认识到事物的本质与价值，或是在人生旅途中谱写赞歌，或是在平凡生活中寻找简单的快乐。

过于克制掩藏情绪，容易被误解成阴险狡诈之人，或是当成麻木不仁的家伙。过于随性展露情绪，又容易被人打上"情绪化""没修养""心机少"的标签。

即使在极简主义的生活方式下，情绪表达依然是让人与人之间产生各种关联的最好纽带。然而，情绪有好的一面，就有坏的一面，太过复杂的爱恨纠葛，成为人们的负担，让人心力交瘁，就无法享受到生活的简单质朴之美。

事实上，我们在理解极简主义思想精髓时，就会发现那些真正践行着极简主义生活的人，都是情绪稳定而内敛的状态，这是何故？

即使不刻意践行极简主义，人类的很多情绪也是应该掩藏起来的，每个人都有自己专属的情感体验，不必期望别人能完全理解，也用不着对他人情绪妄加揣测。

罗曼·罗兰说过："世上只有一种真正的英雄主义，那就是看清生活的本来面目之后依然热爱生活。"我们与其寄希望于他人的感同身受，不如寄希望于自己。

从情感宣泄中解脱出来没想象的那么难

当你被朋友欺骗而伤心难过时，不用渴求别人的理解和安慰，要用一颗真挚的心，继续对待留下来的朋友，用自己的宽容大度，从悲伤中走出来。

当你经历了与亲人爱人的生离死别之后，不必期望他人对你的悲恸能够感同身受，而要挺起胸膛，勇敢地走下去，怀着他们的期望和祝福，幸福地生活下去。

当你企图从他人身上寻求心理安慰时，就已经给感情蒙上了一层尘埃，而寄希望于他人的态度，也会使自己患得患失，无形中给感情加了负担。这会让自己在对感同身受的追求中日渐消瘦，日渐沉迷，难以拥有纯真的情感世界。

感情是细腻柔软的，也是坚强不屈的。不寄希望于他人，寄希望于自己，用实际行动为情感的大树削减掉多余的藤蔓，留给自己一个清静的情感世界，也留给生活一片广袤自由的天空。

///

感情是细腻柔软的，也是坚强不屈的。不寄希望于他人，寄希望于自己，用实际行动为情感的大树削减掉多余的藤蔓，留给自己一个清静的情感世界，也留给生活一片广袤自由的天空。

绝不把今天的事，留给明天

前些天，我多次找好友小舒吃饭，她都以工作繁忙为由拒绝了我，这让我不禁怀疑，她是不是对我有了什么误会。毕竟女人的心思总是比较细腻的。于是我亲自去了她的公司。

当我看到她桌上堆积如山的资料，看到她在键盘上上下翻飞的手指，我才彻底相信，她的确是因为工作太忙了。但我也对此感到十分惊讶。

据我所知，小舒的工作比较轻松，应该不会出现这样重的工作任务，难道是因为最近她们公司有什么活动？但是看着其他人优哉游哉的样子，我便否定了自己的这个猜想。

后来我才知道，原因在于她自己。她天生就是个比较散漫的人，对工作的事也是得过且过，能偷懒就偷懒，每天能完成当天的工作就不错了，更不用说多做工作了。

她会落到现在的处境，是因为最近这一个月来，她每天都把自己的工作往后拖，所以每天都有做不完的工作，在恶性循环中，工作累积得越来越多。

临近月末，公司要进行绩效考核，这一下她可慌了神，忙不迭地把以前没做完的工作都拾了起来。

可是一个月的工作，几天之内如何能做完？何况她每天都还有新的工作。就这样，她每天都被迫埋头于文件资料之中，生活索然无味，渐渐快要失去了对未来的信心。她对我说，她感觉不到生活的乐趣，只感受到满满的恶意。

拖延症并不等于懒惰。

小舒以前也有过连续加班一个星期的时候，但那个时候她从没抱怨过，只是专心于自己的工作。这说明她的问题不在懒惰，而在于喜欢拖延。

拖延不仅会给工作带来巨大的压力，还会打乱自己的生活计划，让自己永远生活在被工作追赶中，而失去停下来欣赏生活的机会。

极简主义的生活方式，欢迎简约、独立、干练的好姿态，反对浪费、依赖、拖延的坏习惯，今日事今日毕，也是极简主义所推崇的一种风尚。

工作是我们每个人的生活中必不可少的一部分，它的简单与否，会直接影响到我们生活的复杂程度。所以在工作中，我们同样要奉行极简生活的原则，不要因为工作，破坏了内心世界的和谐美满。

拖延永远是工作的一大忌讳，可它又偏偏是我们很多人都有的普遍毛病，因为拖延而耽误的工作数不胜数。

而不能按时完成工作任务的后果，就是需要花更多的非工作时间去完成工作，从而缩短了我们可以自由支配的时间，让人感觉劳累不堪。

要克服拖延心理，有三个方法可以参考。

一是要强迫自己每件事按时完成，必要的时候可以找身边人来监督自己，用强制性的手段改掉拖延的毛病。

二是要保证今天的事不拖到明天，每天都对自己一天的工作做个总结，坚持"今日事今日毕"，直到成为习惯。

三是坚持先完成工作，再放松娱乐。只有把该做的工作先完成，才能将毫无后顾之忧的心思花在别的地方。

效率决定你花多少时间在工作上，也就决定了你生活的质量。所以我们必须要求自己，今天的事一定在今天做完，绝不拖到明天。

因为，"明日复明日，明日何其多"。一旦我们有了拖延的思想，就会一拖再拖，工作也会越积越多，永远没有清静的一天。

一次只做一件事

我在之前公司供职时，工作日程非常紧张，我自己常常搞不清楚，助理比我还粗心，差错不断，我开会时间，她却答应了客户的预约。她给我约了重要客户时，却又给我订好了出差的机票。票务问题她也总处理不好，不是忘订了去程的，就是忘订了回程的。

她自己也常深感抱歉，怀孕以后索性听老公的话，离职回家专心养胎了。公司 HR 部门陆续给我安排新人应试，我清楚地记得，有一个叫麦微的助理，是一个大眼睛白皮肤的小姑娘，来我办公室时，两只大眼睛如惊恐的小鹿乱撞，明显充满着拘谨与小心翼翼，我问她叫什么名字，她紧张得磕巴起来："麦，麦，麦……"

她的样子让我想起我自己第一次应对面试官时的情形，紧张到没有办法说出一个完整的句子。那一刻，我突然恻隐之心陡升，笑说："Marry 吗？"她的紧张顿消，打开话匣子，和我相谈甚欢，从此以后，Marry 就是她在公司里的代号。

事实证明，我留下 Marry 是对的。她总是满怀着一腔热血地工作，对前途和未来有着坚定不移的信心，满心欢喜地处理每一件公事。助理工作琐碎繁杂，整天有各种处理不完的大小事情，但是她的工作效率极高，而且错误率极低。我认为她定能同时做很多事情，也就常常怀疑她是否多长了两只手。

不管怎样，自从 Marry 来了以后，我的行程安排从来没有出过差错，文件里的错别字都没有了。我的手稿很潦草，原来的助理是发现看不懂的地方就进来问，而她是将所有能看懂的地方先敲在电脑上，看不懂的地方用铅笔画出来，统一来问我，一次性就解决了。

我发现她给我订的机票，从来都是靠近过道，没有靠近窗口的，这正合我意，因为我有极为严重的恐高症，靠近飞机窗口我会感觉极度不舒适。而这一点，Marry 是在我第一次面试她时，听我无意中谈起便记住了。

我曾经跟她开玩笑地说："借我两只手吧，你同时能做那么多事情，肯定有三头六臂，工作才能高效且不出差错。"然而她的回答却让我震惊了。她说："我专注一个点，聚焦一件事。因为我的专注能让我的精力高度集中，而我的聚焦，又能让我想办法简化一切不必要的流程，所以我的工作效率就会显得更快！"

像 Marry 这样的好助理非常难得，当我离职去英国时，给她写了一封推荐信，让她去了一个跟我有点交情的朋友的公司，那是一家国内知名的培训机构，帮她谋了一份培训主管的职位。我认为，她优秀的工作方法可以教给更多的助理。

在我接触到极简主义的时候，我突然发现，原来 Marry 的工作方法跟极简主义有异曲同工之妙，她的专注与聚焦，处处散发着极简主义的魅力。

专注，是专心关注一个点；聚焦，是凝神汇聚一个焦点；专注与聚焦，与极简主义的精神有交叠之处，并且这种交叠能碰撞出极致美丽的火花，它让极简主义精神更具简约的魅力。

一次只做一件事的工作方式，毫无疑问地会显著提高工作任务的完成质量，而在时间上，也因为有了高效率的支撑，不会比同时进行多项工作花更多时间，甚至还能节省时间。既能提高工作效率，又能提高质量，何乐而不为呢？

一心多用会导致注意力分散，虽然在时间上，似乎同时做了很多事，节省了时间；但从质量上来看，每件工作都是不合格的，需要更多的时间去巩固。最后算下来，其实比一次只做一件事的工作效率要低上许多。

　　不论你以前是在工作上碌碌无为的人，还是整天不知为了什么而忙活的人，或者是想努力工作却不得其法的人，从现在开始，都可以试着每次只做一件事，以极简方式，运用好专注与聚焦，就一定能提高工作效率。

严于律己，宽以待人

　　朋友婧琪有一段时间经常与老公为生活琐事争吵，每次约我们喝咖啡总是满腔抱怨，顺带着把天下男人都臭骂一通。她的抱怨根本没有实质性问题，争吵的原因无非是生活理念的不同，确切地说是对于舍弃物品的看法有所不同。

　　比如，婧琪老公埋怨婧琪衣柜里的衣服太多，要她把不想穿的衣服丢掉……婧琪却坚持认为这些东西迟早用得上。而婧琪埋怨家里乱七八糟的家具太多，想要丢掉一部分……她老公却斥责她浪费。

　　夫妻二人就这样，在丢弃与不丢弃的问题上，争论不休，你来我往，唇枪舌剑，把家里闹得鸡飞狗跳，极不愉快。

　　人各有选择，舍弃难以万众一心，更不能同日而语，它因人而异。而性别的差异也会导致选择有所不同，男人女人对同一事件的看法大相径庭，在舍弃这件事上也不例外。

男人沉稳冷静，偏理性，对生活中的细节不甚在意。女人温柔细腻，偏感性。这种性格上的差异，造成了男女在舍弃之道上的不同。

男人的考虑往往是：我的书房怎么才能整洁？我家怎么有这么多乱七八糟的家具？我为什么一直有做不完的工作？我怎么每天都有这么多的应酬？我怎么才能跟昔时哥儿们通宵喝酒，深夜回家不被媳妇骂？

女人的考虑往往是：这件衣服我到底要不要买？那双鞋子我到底要不要扔？这个牌子的手机又出新产品了，我要不要换一台？同事实体店买的那件衣服，我在网上看到价格低了好几百，我要不要告诉她？

现代社会网络发达，购物变得简单便捷，各种高科技的涌现，也使得物质的获得变得越来越容易。不管是男人还是女人，舍弃，都变得越来越难。

男人大多都喜欢手表，所以家里总是有用旧的手表到处乱扔；男人大多喜欢运动，所以家里各种体育用品总是占据着一方空间；男人免不了要去应酬，所以总是忙于处理人际关系。男人的世界，被这样的东西充斥着，他们享受生活的途径因而被阻断，只得隔水望月，任希望落空。

女人对衣服，似乎都没什么抵抗力，所以她们的衣橱总是琳琅满目。出门前对于该穿哪件，总要纠结一番。女人没几个不喜欢浪漫的，所以家里的一些饰品，即使毫无实际作用，在她们眼里也不可或缺。

女人大多都有自己的圈子，就算在同一个屋檐下工作，也免不了有各种不为人知的小心思，所以她们总会在种种小细节上心存芥蒂。女人的生活充满这样的细微考虑，所以没有时间提升自己的精神修养，没有精力将灵魂从迷宫里解救出来，也就感受不到生活真正的乐趣。

"舍弃"都是一种被人们推崇的生活智慧，夫妻双方对于男女在舍弃观念上的差异，需要相互理解，才能从根本上愿意接受这种差异，进而可以在实际生活中，相互包容，相互理解，在协调和理性的共同作用下，各自达到自己想要的生活目标，赢得一个皆大欢喜的结局。

婧琪与她老公的矛盾，其实在于男人女人因为生活观念的不同，导致各自丢弃原则的不同，似乎都是再正常不过的事情了，然而在极简主义看来，性别不是错误舍弃的借口，有效沟通才能避免错误舍弃。

如果因为在极简主义的践行上产生矛盾分歧，致使家庭生活存在不和谐的因素，那就是得不偿失、舍本逐末了。极简主义的宗旨，是让自己活得简单开心。

婧琪抱怨多了，朋友们轮流开导她，毕竟当局者迷旁观者清。对于他们夫妻之间想法的不同，抱以一种理性的分析态度，抽丝剥茧，一点点将道理讲给她，终于使她接受了这种差异，并开始渐渐理解丈夫。

两人的关系不久就重修于好，不仅在爱情的甜蜜中抛却了世俗的繁杂，而且共同探索起极简生活的真谛，日子越来越幸福。

舍弃包括心灵和物质两个方面，男女在这两个方面都有所不同。但舍弃主义是因人而异的，具体情况应当具体分析。这就要求我们对此要有明确的认识，以避免张冠李戴，事倍功半。

舍弃之道，男女有别，在正确认识的基础上，要多做沟通和退让，逐渐将极简主义的理念灌输给对方。

再往深处说，则无论在工作还是生活中，我们都应该以"严于律己，宽以待人"的古训与人交往，唯有使别人如沐春风，方能使自己一路顺风。

请停止无效社交

我一个朋友的同事，叫作妍冰，据朋友介绍她是一个非常乖巧善良的女孩子，但是由于她经常忙于社交应酬，工作上的事总是难以按时完成，一拖再拖不说，还直接导致她的生活忙乱无章。

每当别人邀请她出去的时候，她总是不顾手头的工作，不顾自己原本的打算，盲目赴约。在她眼里，这是巩固朋友关系，如果不去的话，显得自己没拿别人当朋友。

在和朋友的交谈中，妍冰也是习惯事事揣摩对方的心思，巴不得每一句话都是对方爱听的，巴不得两人的每一个爱好都是完全相同的，巴不得彼此对什么事情的看法都是完全一致的。

在朋友面前，她仿佛不属于自己，而是努力扮演着一个别人心中理想朋友的形象。这样的虚假其实是毫无必要的。她的生活原本是循规蹈矩的，后来因为在人际交往上的委曲求全，平白无故地多出了许多事端，生活也就变得一团糟。

整日流连在酒局饭桌上，工作业绩下滑，计划做自己喜欢的事也一样没做成……唯一的好处大概就是练就了一副好嘴皮子吧。

人生太过挣扎妥协，就会背上无形的道德枷锁

其实，妍冰在社交方面的这些顾虑，很多人都有，人际交往似乎成了一种道德绑架，逼着我们去做一些事情，来显示自己够朋友的一面。而如此的社交，并不会带给我们实际享受，只会增加生活中的琐碎细节，让我们的内心更加凌乱。

在人际交往中，忌讳委曲求全。妍冰只要用不卑不亢的态度，就能让别人发现她的人格魅力，从而使人际关系变得简单。一味地委曲求全，只会让生活中的人际交往问题变得复杂起来，不仅浪费了时间精力，而且损害人格尊严，更剥夺生活自由。

比如在工作之后的饭局，其实对你来说是可有可无的，但你却舍不得放弃这个所谓"增进友谊"的机会，用业余时间看看书的念

头便成了一种空想。

朋友们邀你参加聚会，你明明还有很多事情没来得及处理，却因为害怕大家指责你的不合群而无法拒绝，导致事情越积越多，永远没有清静的一天。

公司里新来的同事和你的三观根本不合，可你却每次都顺着对方的意愿讲话，从不说出自己的真实想法，担心意见相左会使双方生出嫌隙，所以选择委曲求全，虚与委蛇。

生活中类似的人际交往还有很多。我们在人际交往面前，往往会隐藏真实的自己，做出违背原本意愿的事来。这样的人际关系，是建立在相互之间的虚情假意之上的，永远与伪装脱不开关系，自然让人感到劳累和厌烦。

但是，若太过坚持自己所谓的原则，将一切社交都当成苦海无涯、永无天日的事情，那也会让自己陷入孤独无援的境地，会被排挤在人群之外，妍冰所担忧的后果就会真的出现在生活中。

其实，人生是一种智慧，只要出于本心，真诚社交，尊重他人，也就无须太在意使用某种迎合的表现模式了，若人生太过挣扎迎合，就会背上无形的道德枷锁，反而无法释放心灵，放飞真我。

面对人际交往，用真心相待，虽然不能事事如愿，但这个大方向大原则，对于多数人际交往，还是非常适用的。那么，真心如何去表达，如何让自己的真心被对方所理解和体会到，这就要靠智慧了！

尊重别人，不是曲意逢迎，不必强自己所难，用真诚的心在人际交往中给人以欢喜，也给自己更加简单和舒适的生活。孟子说："爱人者，人恒爱之；敬人者，人恒敬之。"要赢得别人的尊重，就得首先学会尊重别人。

如果用尊重和真诚仍然换不来对等的友谊，那么这样的人际关系，不要也罢，说明对方首先就没有尊重我们，更别提真诚了。

对一段给自己的生活带来不利影响的人际交往，不妨直接舍弃，此时用不卑不亢的态度和有主见的行事方法，最为恰当。生活也不能总是走马观花般敷衍了事，千挑万选和精雕细琢更容易成事。

一味讨好别人，只会浪费时间

景文是我曾经的同事，他刚来公司那会儿，眼疾手快，聪明伶俐，大家都挺喜欢他，老板也认为他是个可塑之才，有着重培养他的意向。但是在之后的职场道路上，他却走向了另一个方向，在谄媚讨好上司的怪圈中，自毁前途。

和他同期来的新人，虽然不如他聪明，但是大家脚踏实地，实实在在地努力工作，提高能力，而他却整天研究着怎么讨好上司，怎么献媚于老板，企图通过投机取巧的方式，得到上司的赏识，进一步升职加薪。

可是他却忽略了最重要的一点，那就是企业真正需要的，都是对自身发展有利的人才。不管与上司的人际关系处理上如何出色，如果对工作细节一窍不通，工作能力始终止步不前，那最终一定会被企业所淘汰。

献媚于上，就会花更多的时间和精力去研究上司的喜好和憎恶，而浪费了增强自己实力的大好时光。别人在辛辛苦苦做项目积累工作经验，他在对上司溜须拍马极力讨好，逞口舌之快。

别人在废寝忘食研究资料尽力提高工作效率，而他在猜测老板心意，考虑接下来该怎样让老板高兴。这样日积月累，别人的能力提高了，工作效率变快了，完成质量变好了，而他故步自封，甚至倒退，自然会被别人远远抛在身后。

景文今天送上司一条名牌领带，明天为老板歌功颂德，把自己的精力和聪明全都用在了拍马屁上，工作能力却没有一点进步。入职有三四个月的时候，还是连一个简单的项目都无法参与，更不用提独立完成任务了。慢慢地，老板也开始对他感到失望，不再提重点培养他的那些话了。

献媚于上绝不是正确的工作态度，更不是极简工作模式的要求。

恰恰相反，这样只会增加工作的复杂性，让自己的内心纠结于"老板喜欢什么不喜欢什么""在上司面前我该做什么不该做什么"这样的问题，既降低了自己的工作效率，又扰乱了自己平静的生活，使工作成为累赘。

景文在心理压力和生活压力的双重重负下，渐渐开始迷茫，不知道自己究竟应该怎样继续走下去。就像一条迷失在暴风雨中的帆船，因为看不到指航灯，只好在原地打转，任由狂风吹折桅杆。

随着工作越来越吃力，他终于无法继续在公司里待下去，而老板也决定辞退他，把岗位留给更加有能力的人。与老板处好关系自然是工作顺心的一大关键，但它毕竟不是职场的主角，不应该成为主导你日常工作和生活的所谓"原则"。

真正让工作变得简单高效的，是你自身的实力和才华！

只有用心提高自己的工作能力，才能一步步走向得心应手的境界，成为无可挑剔的职场达人，不再为工作的纷繁复杂而烦恼忧心。当然，献媚于上和尊重老板是完全不同的两回事。

极简主义之所以能吸引这么多人去践行它，其魅力在于它不仅简单实用，而且格调高雅。它能在无形中，增加人们的气场，提升人们的品格。

而在职场中，说到底能真正决定一个人未来的，是工作能力。一味地献媚于上，浪费时间且丧失格调。而献媚本身，就与极简主义不是"同路之人"。

与其挖空心思去想着怎么讨好上司，不如用这些时间多做一些项目，熟悉公司的业务流程，对自己需要完成的工作，有一个更加直观的深刻认识。

与其整天想着投机取巧，寄希望于他人的提携，不如抓紧时间锻炼自己，从心灵到身体，尽一切可能地汲取营养，让自己长成一棵参天大树，争取到工作选择的主动权。

只要我们坚持用极简的生活态度来看待工作，抛却职场中的琐碎和繁杂，就能让工作变得简单高效，按时完成工作任务，不影响生活的质量。

克服攀比炫耀，让生活更充实一点

听朋友讲他在职场遇到的经历，他们公司有一位财务总监和一位技术总监，二人都是青年才俊，颇得老板器重。一次他们因工作冲突，结下心结，碍着同事的面子，虽不会当面怒怼，但却总有他们自己的小办法怒怼对方，正是攀比和炫耀。

这边换台新手机，那边就换台新 iPad。这边买了一块劳力士手表，那边就买块昂贵的怀表。这边请部门同事去豪华饭店聚餐，那边隔天就请大家去体验新开的高端 KTV。年终岁尾的例行红包，也是成倍攀比地往上增。

两人就在这种怒怼中，针锋相对地攀比炫耀着，甚至开始相互攻击对方提交的工作方案，事情越闹越大，乃至被高层过问，最后一个降职了，一个干脆走人了，这场闹剧才算是画上句号。

　　两个总监本是前途无量的职场精英，却毁在了怒怼的狭隘心理上，因攀比炫耀被人讨厌，让人为之扼腕惋惜。

　　多数以净透心灵、简化繁复为目标，去践行极简主义生活方式的人，都有一个共同的心得，那便是攀比和炫耀的心理绝对不可以有！

　　攀比没有上限，永无止境，而炫耀使人显得庸俗不堪，都是极简主义宗旨里强烈反对的，它是坏物质、负能量，是践行极简主义者的最大敌人。

　　生活中有很多购买行为的发生，都和攀比炫耀心理有关。这不仅是一种病态心理，还会助长奢靡浪费之风。只有克服攀比炫耀心理，才能减少购买行为的泛滥，阻止自己滑进物质主义的泥淖之中。

　　所谓攀比炫耀心理，其本质就是一种爱慕虚荣的人类通病。这种心理自古有之，只是如今物质生活极度丰富，人们不仅无法遏制它的发展，反而不自觉地参与其中，前赴后继，成为攀比炫耀的忠实拥护者。

　　你羡慕同事一身名牌的光鲜亮丽，便不考虑自己的实际需求和经济能力，执意拿着自己辛苦挣来的工资，买了和他（她）一样的名牌服饰。这并没有给生活带来任何益处，只收获了他人或真心或假意的恭维客套。

你看朋友们一个个都买了车，每逢节假日就邀请你一起出去兜风，就起了攀比之心，也买了车。但你不知道，朋友买车是因为经常跑业务，开车比较方便，可以物尽其用。而你整天坐在办公室，也鲜有时间外出，上下班的高峰期开车还容易堵车。

你每次买了新东西都要向周围人炫耀一番，然后在他们的赞叹声和钦羡的眼神中沾沾自喜。久而久之，买东西似乎成了你不得不做的事情，因为你已经被炫耀心理所俘获，一天不向别人炫耀点什么就浑身不自在，于是疯狂购物，成了一个彻彻底底的购物狂。

我们的生活就是这样变得复杂起来的，就是在这样的"攀比—购买—炫耀—攀比"的模式中循环，最终彻底沦落。

对我们追求极简生活的人来说，攀比心理和炫耀心理，会使我们放任自己的购物欲，无休止地购买本不需要的物品，占用空间，增加生活的负担。因过度购买导致的物品堆积，也会增加我们整理收纳的难度，在物质生活上花费更多时间，在精神生活上花费更少精力。

只有认清攀比炫耀的真面目，才能克服这种心理，清楚地知道自己想要什么，需要什么，从而改掉过度购买的坏习惯。

克服攀比炫耀，让钱包充实点；克制怒怼情绪，让职场简单点；回归宁和，让房间清静点。这一切都能让心灵减负，让品德高尚点，同时也就让极简主义离自己更近一点了！

///

只有认清攀比炫耀的真面目，才能克服这种心理，清楚地知道自己想要什

么，需要什么，从而改掉过度购买的坏习惯。

拥有质朴平淡的友情

我与佳泽的友情，想来已经近二十年了吧，我们是多年同窗，大学毕业后，才各自辗转漂泊，见面的时候并不多。工作以后，我们都有了新的朋友圈，我们的联系变得越来越少。但我们都守着这份难得的友谊，在开心时找对方说笑一番，在委屈时找对方大哭一场，在遇到困难时对方也一定会出手相助。

平常的日子里，我们会趁工作之余小聚，趁休息日长聚。逢年过节，我们都会拎上水果吃食，抽时间去对方的家里看看对方的家人，表达我们最真挚的问候。

我们有时就着月亮的光在窗下说些悄悄话，有时吃着热腾腾的饭菜高谈阔论各自的理想。想来，这些年我们一直计划的奢华旅游还未成行，我们年轻时拉钩承诺一定参加对方婚宴，而现下只要知道对方心中还有爱的能力，而且是被爱着的，我们就已经很开心了。

我们深知生活不易，人生艰难的道理，所以更能理解对方的想法，从而更愿意按照对方的心意行动，这应该就是能经得起岁月考验的友谊。

星云大师曾说：以金相交，金耗则忘；以利相交，利尽则散；以势相交，势去则倾；以权相交，权失则弃；以情相交，情逝人伤；唯心相交，静行致远。

而我们身边不断更新的那些所谓友谊，却多数建立在利益之上。平时聚会出游，人满为患，需要人帮忙时，却都不见其踪影。有钱赚的时候，不知道又都从什么地方冒出来了，说着客套话，套着近乎；一旦遇到困境，千奇百怪的借口成为袖手旁观的理由。

倘若友情总是需要用频繁的相聚和高调的言语来维持，一旦失去了金钱的支撑就土崩瓦解，那必然是利益至上的友情，是在欲望的驱使下逢场作戏的相交。

友情是人生中不可或缺的一部分，一个真心的知己，一份真挚的友情，会在漫长的人生旅途中，给予你绵延不绝的鲜花和掌声。无论在什么时候，都会给你一个可以依靠的后盾。

有很多人认为，极简主义的生活方式，推崇的只是君子之交淡如水的交友理念，这样解读是不全面的，因为君子之交淡如水的状态，若永不升温增稠，就真的继续淡下去，淡到连凉白开都不如。

君子之交淡如水，形容的是一种心态，提醒人们不要往一段纯净的友谊里，加入太多功利铜臭的物质，让友谊保持清爽纯平的样子。而一段友谊走向巅峰实现心灵契合以后，就不可能是君子之交淡如水的状态。

我认为，那种状态应该是心里暖暖的，嘴角翘翘的，睫毛弯弯的，笑意融融的！长久的陪伴，才是最好的陪伴。与朋友的感情，贵在真诚，而不在乎相处的时间有多少，或是距离有多远。

巴金和沈从文都是光明磊落的人，他们交友，不是为了从对方的身上得到好处，获取利益，而是以真心待之，于平淡中追求真诚。因此，他们的友谊才能历经波折而不倒，持续一生，善始善终。

当今这个社会，追求利益，似乎成了行事做人的第一原则，朋友之间也少了真心，多了假意。"没有永远的朋友，只有永远的利益"这句话成了人们交友的金科玉律。所以友谊渐渐充满了铜臭味，混杂着一系列的利益纠纷，变得复杂而污秽不堪。

真正的友情，能经受住岁月的洗礼而不褪色，能经受住欲望的考验而不消减，能经受住苦难的折磨而越发浓厚。在真挚的感情面前，只有平淡简单，才是友情最能长久的姿态。

很多时候，友情不是用联系的多少来评判的，不联系不代表不在乎。恰恰相反，越是心灵相通的朋友，越能忍受这种平淡简单的相处。因为两人并不想从对方那里得到什么利益。有了彼此真诚相待的信心，也就有了友谊不会因时间和距离而褪色的信心。

当友情变得极简，便学会了情之意蕴

第一，要毫无功利心地简单相处和交流。这样的状态下彼此不必刻意维持友谊，有更多的时间关注更需要的事情，友情亦有所增进，这就是平淡中更见浓情。

谢觉哉说："三朋四友，吃喝玩乐，这叫作'酒肉朋友'；朋友相聚，不谈工作，不谈学习，不谈政治，只谈个人之间私利私愤的事，这叫作'群居终日，言不乃义'。"

第二，用真心对待友情，舍弃虚情假意的形式主义，代以诚实真挚的赤子之心。不需要复杂烦琐的种种排面，只需要真心实意地简单问候，便能让友谊长存，让感情平淡，让生活充满热情和希望。

　　习近平总书记在韩国首尔大学演讲时，曾化用星云大师的经典名言说过："以金相交，金耗则忘；以利相交，利尽则散；以势相交，势败则倾；以权相交，权失则弃；以情相交，情断则伤；唯以心相交，方能成其久远。"

　　精简自己的情感世界，需要质朴真诚的友情，而要拥有质朴平淡的友情，过上简单快乐的生活，就从胸无城府、真心待人开始吧。

与人分享，共同实现人生价值

梭罗在《瓦尔登湖》中写道："我愿深深地扎入生活，吮尽生活的骨髓。过得扎实、简单。"

这位极简主义的代表人物，抛开了周遭的一切，一个人跑到了瓦尔登湖边，盖了间小木屋，在渺无人烟的环境里，过起了与世隔绝的生活，一住就是多年。然而，对于梭罗的这种行为，不同的人却有不同的看法，这些看法有时候只是稍有差别，有时候却是大相径庭。在我的朋友温莎和 Linda 的身上，这些看法就属于后者。

温莎是极简主义生活的忠实拥护者，而 Linda 对此颇有些不以为然。温莎生活在一个富裕的家庭，从小衣食无忧，对于未来和前途根本不用担心，肩上的担子也很轻。所以当极简主义出现时，她立刻被它吸引了。温莎很羡慕梭罗可以一个人过自由自在的日子，而她却要沿着父母安排好的人生之路走下去，没有自由选择的余地。

对于温莎来说，梭罗身上自由洒脱的气质，是她一直缺失并向往的，所以她推崇梭罗的做法，认为极简主义生活能带给人自由和快乐，所以心仪已久。而 Linda 就不一样了。

Linda 的家庭条件很普通，她现在拥有的这一切，都是自己辛辛苦苦打拼出来的，她深深地明白，在当今这个社会，只有自己有能力担负起生活的种种压力，才有资格谈追求生命本质和精神自由这样的话题。所以，要她放弃现在拥有的一切，像梭罗一样去一个荒凉的地方独自生活，她肯定是不愿意的。

Linda 对梭罗的生活方式持反对意见，还有更为深刻的原因。在她看来，她的家人、朋友，都是自己人生中最为重要的一部分，且不论自己身上有着对父母等亲人的家庭责任，就只是要她抛弃这些生命中最重要的朋友，从此不相往来，对她来说，都是无法接受的事情。

每个人的生活处境不同，过往经历不同，对于人生的未来期许也不同，那么选择不同的生活方式，也就在情理之中了。因此而对身边人的不同选择耿耿于怀，有损彼此关系的做法，既于事无补，又平添新愁，是我们应该极力避免的。

温莎本来和 Linda 关系很好，却因为 Linda 对极简主义的反对而不依不饶，非要她说出个道理来。结果 Linda 说出了自己的理由，温莎却又无法接受，她近乎无理取闹地要求 Linda 和她一起追求极简生活。两人的关系由此越闹越僵，最后不欢而散。

朋友间观点不同本来是一件平常事，我们虽然提倡做极简主义的追随者，但更需要时刻记得，要理智地追求极简主义。像温莎这样胡搅蛮缠的做法，就是一种偏执的心态，不仅对自己追求极简主义生活的过程有害无益，而且对他人也是一种伤害。

将自己的观点强加给别人，还谈什么极简

今天，极简主义生活方式，已经成了一种十分流行的新型的生活方式，极简主义者们正站在时代的最前沿，改变世界，引领潮流。

但是，在我们身边，还是有很多人在充分了解了极简主义为何物之后，仍然坚持自己原本的生活方式，或是受此启发，过起另外一种和以往不同的生活。这都是属于每个人自己的选择。

无论你是否支持极简主义，是否愿意过极简主义生活，都有自由选择的权利。同样，不论别人最终选择了何种生活方式，都应该

得到足够的尊重。

其实，极简主义的真谛，在于遵从自己的内心，过自己想要的生活。倘若因为跟风或是迎合身边的人而去强迫自己接受极简主义，不啻为本末倒置，反而会与极简主义生活相去甚远。

追求自我内心宁静比要求他人更接近极简

韩寒说过："我所理解的生活，就是和自己喜欢的一切在一起。"

我们如今的生活之所以复杂，之所以疲惫不堪，之所以缺乏幸福感，说到底都是因为，我们没有能按照自己理想的状态去生活，不能随心所欲地追求自己内心真正喜欢的一切。

爱因斯坦说过："不管时代的潮流和社会的风尚怎样，人总可以凭着自己高贵的品质，超脱时代和社会，走自己正确的道路。现在，大家都为了电冰箱、汽车、房子而奔波、追逐、竞争。这是我们这个时代的特征了。但是也还有不少人，他们不追求这些物质的东西，他们追求理想和真理，得到了内心的自由和安宁。"

对于我们来说，与其说是在追求极简生活，不如说是在追求自己内心的自由和安宁。所以只要内心的自由和安宁有了保障，是否要过极简主义生活，就并不那么重要了。毕竟，极简主义的本质，也在于自由安宁的内心，而不在简单朴素的生活形式。

学会分享，造就幸福

我的朋友程西柚是个不折不扣的女强人加购物狂魔，看到自己喜欢的东西一定会毫不犹豫地买下。如此狂热的购物方式当然带来了很多不良的后果，她虽然赚的钱多可攒下来的钱不多，另外，她一时冲动买下的东西有80%用不到三个月便会被新的东西所取代。

被取代的东西西柚舍不得丢掉又不知道该怎么处理，于是统统送进了储物室。长此以往，储物室里堆积的东西越来越多，占用的空间越来越大，西柚每周的归纳整理工作也越来越繁重。每次走进储物室，她都觉得心烦意乱，焦躁难安，这与西柚一直追求的高品质生活大相径庭。

西柚一方面想要摆脱现状，另一方面又舍不得丢弃曾视若珍宝的东西，内心极其矛盾。直到有一天，一位朋友去西柚家做客。这位朋友看到储物室里一个饱经沧桑的手提袋时，不由得摇了摇头。她告诉西柚大多数东西还没坏，放在这里不仅占地方，而且太可惜，可不可以让她带回家。

西柚灵机一动，把自己用不上的东西送给需要的人的确是个好办法。

她后来兴致勃勃地告诉我，真的很感谢那位朋友，让她用不上的东西得到了很好的安置。拥有了更少的东西，却让她获得了更多的自由。不用再在空余时间整理分类东西，或者从许多东西里找一个东西，她可以将更多的时间花在做她想做的事情上。看到别人能够充分发挥这些物品的价值时，满足欣喜更是溢于言表。

分享看似是舍弃，在一定程度上却是另一种获得，获得宽阔明亮的空间，获得予人方便的快乐，获得简而美的生活。

当储物室里的杂物堆积如山时，你会怎么做？不忍舍弃，还是果断丢掉？其实，将这些杂物分享给真正需要它们的人是一种更加明智的选择，分享不仅能简化自己的生活，而且能避免不必要的浪费，发挥这些物品的真正价值。

很多时候，这些杂物就像鸡肋，弃之可惜，食之无味。我们宁愿相信万物有灵，已经和它们产生了深厚的感情，哪怕它们被岁月盖上厚厚的灰尘，我们也不愿舍弃。可事实上呢，你不常穿的衣服铺上了灰尘，你买的画不再鲜艳明丽，甚至连你小时候的玩具车也剥落了漆皮，它们静默地失去了自己的价值。

试想一下，如果你将衣服放入了爱心捐赠箱，如果你将画送给了一位爱画的朋友，如果你将玩具车送给了邻居家的胖小子，你的心境和它们的处境会不会有所不同？

我想，分享一定会增强你的幸福感。武侠小说宗师古龙也曾说过："快乐是件奇怪的东西，绝不因为你分给了别人而减少。有时你分给别人的越多，自己得到的也就越多。"

前联合国秘书长潘基文曾在不同场合说起关于分享桃子的故事。他的父亲曾询问他一个问题，一箱快要烂掉的桃子应该怎么处理。潘基文回答父亲，将这些桃子分给周围的邻居。很显然，无论我们先吃快要坏掉的桃子，还是后吃那些桃子，都会有一部分坏损，只有那些被用于分享的桃子才会永久保鲜。

分享不仅是一种高尚的品德，更应该成为一种生活方式。我们真的需要那么多身外之物吗？我们拼命赚钱拼命花钱常常变成了一种无意识的习惯性行为，反而对生活本身的独特性或创造性丧失了发掘和感知力。简化自己的生活，不为物质所困，自然有底气面对更加丰富的人生。

每当我与人分享的时候，都会有一种如沐春风，阳光照射进内心的感觉。知道自己需要什么，更要分辨不需要什么。放下物质的外壳，让生活回归本真，在没有任何事情干扰的情况下，去聆听心底真正的声音。分享不能给你带来实际用处的物品，控制徒增烦恼的精神活动，从而获得更大的精神自由。

当你将自己看不完的杂书送给喜欢阅读并且有时间阅读的朋友时，你分享给别人的不仅是几本书，更是一种质朴的态度。

当你将自己家用不上的家具送给真正需要的那些人时，你分享给别人的不仅是几件家具，更是一种简单的生活。

分享是一种美德，既让自己少了杂物的牵绊，有了更多的空间和时间去关心真正喜欢和需要的一切，也帮助别人享受到所需物质带来的快乐，实在是物尽其用，两全其美。

与人分享的过程，也同样是共同进步、共同实现人生价值的过程。只有愿意分享的人，才有机会获得更为广阔的世界，对生命本真的理解更进一步。与人分享，造就幸福，过极简生活，享快乐人生。